KB200485

세상이 주목한

첫 번째 그리스도인

세상이 주목한
첫 번째 그리스도인

지은이 | 조동천
초판 발행 | 2016. 10. 24
등록번호 | 제1988-000080호
등록된 곳 | 서울특별시 용산구 서빙고로65길 38
발행처 | 사단법인 두란노서원
영업부 | 2078-3352   FAX | 080-749-3705
출판부 | 2078-3331

책 값은 뒤표지에 있습니다.
ISBN 978-89-531-2676-3 03230

독자의 의견을 기다립니다.
tpress@duranno.com   www.duranno.com

세상이 주목한

첫 번째
그리스도인

조동천

그리스도인
정체성 시리즈 02

두란노

contents

다시, 세례 요한으로 돌아가다

어쩌면 꽃의 눈부신 자태와 향기가

벌레를 감동시켰는지 모른다.

이 모습으로 이렇게 살아서는 안 되겠다고…

저 꽃과 어울리는 존재가 되어야겠다고…

꽃은 그렇게 추한 벌레에게마저 희망이 되었다.

꽃을 사랑한 벌레는 결국 목숨을 걸고

변화되고 또 변화되어 나비가 되었다.

꽃과 어울릴 멋진 날개를 펄럭이며…

그리스도인! 그 꽃과 같았던 향기로운 존재가
이제는 시들고 져서 바닥에 떨어졌다. 그 존재감
이 요즘은 땅에 떨어진 정도가 아니라 시궁창에

처박혀 있다. 학교, 직장, 세상 어디에서도 교회 다니는 사람을 무슨 비정상적인 모자란 사람으로, 벌레처럼 생각할 정도이다. 전혀 매력적이지 못한 존재, 그것이 요즘의 그리스도인들이다. 과연 초기 그리스도인들도 그랬을까?

그리스도인으로서 세상의 주목을 받고 강력하게 영향력을 끼친 사람 중 한 사람이 세례 요한이다. 헤롯 왕은 세례 요한을 죽인 후에도 예수님의 활동 소식을 듣고 세례 요한이 살아났다고 할 정도였다. 사람들은 세례 요한을 메시아나, '오실 그 선지자'라고 생각했다. 예수님은 여자가 낳은 자

중에 세례 요한만큼 큰 자가 없다고 하셨다. 무수한 사람들이 세례 요한에게 몰려와서 살길을 알려 달라고 회개하며 세례를 받았다. 복음서들에는 예수님 이야기에 앞서 세례 요한을 소개할 정도이다.

도대체 세상은 세례 요한의 무엇을 보고 그토록 열광한 것일까? 그는 오늘날 우리와 무엇이 다른가! 그 비밀이 요한복음 1장에 펼쳐져 있다.

그리스도인인 우리는 무엇으로 세상을 감동시킬 수 있을까? 우리는 이 땅에서 자신에 대한 정체성을 어떻게 세워 나갈 수 있을까? 그리고 무엇을 위해 어떻게 사는 것이 평범함 속에 위대함을 창

출하는 것일까? 그 비밀이 여기 세례 요한을 해부
하면서 밝혀질 것이다.

세상이 주목한 첫 그리스도인, 세례 요한. 그의
삶의 핵심 가치들을 통해 당신의 삶도 그리스도인
으로서 탁월한 감동을 세상에 드러내는 삶으로 변
화되길 기도한다.

2016월 10월

조동천

세상이 그를
주목하다

세상이 나를 주목하는가

¹⁹ 유대인들이 예루살렘에서 제사장들과 레위인들을 요한에게 보내어 네가 누구냐 물을 때에 요한의 증언이 이러하니라

²⁰ 요한이 드러내어 말하고 숨기지 아니하니 드러내어 하는 말이 나는 그리스도가 아니라 한대

²¹ 또 묻되 그러면 누구냐 네가 엘리야냐 이르되 나는 아니라 또 묻되 네가 그 선지자냐 대답하되 아니라

(요한복음 1:19-21)

세상에 존재하는 것들은 모두 나름대로 아름다움이 있습니다. 시골의 돌담길을 지나다 보면 돌과 돌 사이에 난 조그만 구멍으로 거미가 예쁘게 집을 짓고 바지런히 살아가는 것을 볼 수 있어요. 무심한 돌 사이로도 생기 도는 삶이 느껴집니다.

바람에 굴러가는 가을 낙엽을 주워 보세요. 낙엽 밑으로 이상한 생물들이 붙어서 오밀조밀 살아가고 있어요. 아스팔트가 깔린 도로 틈 사이로 흙 한 줌만 있어도 뿌리를 내리고 파릇파릇하게 돋아나는 이름 모를 풀들도 있죠. 그런 걸 보면 온몸이 떨릴 정도로 감격이 밀려오곤 합니다.

저 척박한 땅에서도 따가운 햇살과 싸우며 저렇게 생명의 움을 틔워 내는데, 나는 어떻습니까? 그에 비해 얼마나 풍요로운 삶을 누리는데 왜 이토록 무기력한 걸까요? 어째서 그보다 아름다운 삶을 틔워 내지 못하는 걸까요? 어디를 보나 주님이 지으신 세계에는 아름다움이 가득하죠. 그런데 왜 내겐 그런 아름다움이 없을까요? 예수를 믿는다면서 어째서 어느 누구 하나 주목해 볼 만한 매력이 없는 걸까요?

성경 속 예수님 믿는 사람들은 '천하를 소동케 하는 자들'이란 말을 들었습니다. 예수님 믿는 사람들은 어디를 가나 인기가 많아서 천하가 소동하거나, 아니면 하도 시기하는 사람이 많아 가만두지 않는 사람들 때문에 소동이 일어나거나 했습니다.

그런데 오늘 그리스도인은 어떤가요? 인기가 많아서 사람들이 구름 떼처럼 몰려오나요? 가만두면 안 되겠다고 시기하는 사람이 많아서 소동이 일어나나요? 오늘 우리는 어째서 이렇게 매력적이지 못한 걸까요?   .

　성경에서 예수님만큼이나 세상을 놀라게 한 인물이 있습니다. 세례 요한입니다. 그는 온 유대와 이스라엘 사람들이 찾아올 정도로 세상이 주목한 사람이었습니다. 종교지도자들, 노동자, 농민 등 나이나 계급을 불문하고 많은 이들이 몰려와 그의 앞에 무릎을 꿇었습니다.

　더 놀라운 것은 세례 요한이 죽은 뒤에도 그를 추종하는 사람들이 많았다는 것입니다. 어떤 이들은 예수님을 부활한 세례 요한이라 믿은 사람들도 있었습니다(막 6:14-16). 그렇게 보면 당시 세례 요한은 예수님보다 사회적 영향력이 더 컸다고 할 수 있습니다.

　도대체 그의 어떤 점이 그토록 사람들을 매료시켰을까요? 세례 요한의 무엇이 그토록 매력적이어서 많은 사람들이 추종한 것일까요? 이것을 알

아야 오늘날의 그리스도인이 세상을 향해 한 걸음 더 나아갈 수 있지 않을까요?

우리는 더 아름다워지기 위해 옷에 신경을 씁니다. 유행하는 스타일, 세련된 디자인의 옷을 사려고 따로 시간을 내어 공부하거나 쇼핑을 합니다. 그런데 더 좋은 옷, 더 예쁜 옷을 입으면 더 아름다운 사람이 될 수 있을까요? 그렇다면 세례 요한이 많은 인기를 얻은 것이 당대 패셔니스타였기 때문일까요?

이 요한은 낙타털 옷을 입고 허리에 가죽 띠를 띠고 음식은 메뚜기와 석청이었더라 마 3:4

세례 요한은 낙타털 옷을 입고 다녔다고 합니다. 이 낙타털 옷은 당시 노동자들이 막일을 할 때 주로 입던 아주 거친 가죽옷입니다. 무거운 돌이나 나무를 나를 때 어깨가 상하지 않도록 질기고 두꺼운 이 옷을 입었던 것이지요. 다시 말하면 낙타털 옷은 선지자와 같이 고상한 사람이 입는 옷이 아니라 노동자와 같이 사회적으로 비천한 사람들이 입던 옷입니다. 그러니 그가 입은 옷이 남보다 세련돼서 사람들이 따른 것은 아닙니다.

그렇다면 세례 요한이 먹는 음식이 남달랐을까요? 말씀을 보니 그것도 아닌 것 같습니다. 세례 요한은 메뚜기와 석청으로 끼니를 때웠다고 합니다.

이것은 광야 생활과 관련이 있습니다. 광야를 떠돌다 메뚜기를 잡아먹고 토굴 속이나 바위틈에서 석청을 발견하고 먹었던 것입니다. 그러면 당시 웰빙 식품이 유행해서 세례 요한을 추종했던 것일까요? 하지만 당시 사람들은 끼니를 때우기도 어려울 만큼 가난했습니다. 그런 사람들에게 웰빙이라니요. 자연주의 식단이라니요. 베지테리언이라니요. 그럴 리 없습니다.

그렇다면 당시 사람들이 세례 요한의 학식에 매료된 것일까요? 학식 하면 당대 최고 석학인 가말리엘의 문하생 사도 바울을 따를 수 있었겠습니까? 세례 요한은 바울처럼 내세울 만한 학벌이 없었습니다.

그럼 그가 가는 곳마다 기적이 일어났던 걸까요? 성경을 보면 세례 요한이 어떤 기적을 베풀었다는 기록은 없습니다.

세례 요한이 입은 옷이나 먹은 음식은 가난한 자의 표상이었을 뿐입니다. 내세울 만한 학식도 학벌도 없었습니다. 기적이나 이적을 보여서 시선을 사로잡았던 것도 아닙니다.

그런데도 사람들은 세례 요한을 추종했고 그에게서 강한 영향을 받았습니다.

과연 당시 사람들은 세례 요한의 무엇을 보고
그를 따른 것일까요?

그는 세상에
취하지 않고
진리를
통찰했다

세례 요한이 세상으로부터 주목받은 첫 번째 이유는, 그에게는 외칠 것이 있었기 때문입니다.

> 이튿날 요한이 예수께서 자기에게 나아오심을 보고 이르되 보라 세상 죄를 지고 가는 하나님의 어린 양이로다 요 1:29

예수님이 나아오자 세례 요한은 "보라 세상 죄를 지고 가는 하나님의 어린 양이로다"라고 외칩니다. 그런데 놀랍게도 사람들이 그 말에 홀딱 반했습니다. 이 한마디에 진리에 대한 충만한 지식이 담겨 있기 때문입니다.

'세상 죄를 지고 간다'는 말은 땅의 것을 진단하는 세례 요한의 통찰을 보여 줍니다. 그는 지금 세상에 동화되지 않고 오히려 한 걸음 떨어져서 세상을 진단하고 있습니다. 많은 사람들이 무엇이 진리인지도 모른 채 불안과 두려움 속에서 살아가는 때에, 세례 요한은 세상을 구원받아야 할 필요가 있는 곳, 궁극적이지도 완전하지도 않은 곳, 따라서 변화해야 하는 곳, 회개하고 거듭나야 하는 곳으로 보고 있는 것입니다.

회개하라 천국이 가까이 왔느니라 마 3:2

'회개하라'는 말은 세상이 죄악 가운데 있음을 시사합니다. 세례 요한은 그런 세상을 변화시키려 하고 있습니다. 비판하고 비난하기만 한 게 아니라 책임을 지고 변혁시키려 한 것입니다.

사람들이 세례 요한에게 열광한 포인트가 바로

이것입니다.

그리스도인이 자기의 색깔을 잃어버리는 순간은 간단합니다. 세상에 취해서 세상 사람들을 부러워하는 것입니다. 구하고 추구하는 것이 그들과 다를 것이 없는데, 거기에 어떤 신비로움이나 매력이 있겠습니까? 세상을 부러워하는 그리스도인을 사람들은 되려 천시하고 멸시할 것입니다.

예를 들어, 미혼인 그리스도인이 배우자감으로 세속적인 기준에서 전혀 뒤지지 않는 사람을 꼽는다고 합시다. 자신이 하나님을 믿는 사람이면서도 세상적으로도 성공한 사람을 배우자감으로 찾는 것입니다. 기독교적인 가치에 충실한가 그렇지 않은가는 별로 중요하게 생각하지 않습니다.

사람들은 그런 그리스도인을 보고 차원이 다른 고결함을 지녔다고 말하지 않습니다. 오히려 매우 까다로운 사람이라고 말합니다.

세속적인 성공은 시간의 흐름에 따라 부패하고 무의미해집니다. 세상적인 지식 역시 변화무쌍한 시대 변화 속에서 급속도로 사장되거나 무용지물이 됩니다. 인간이 이룩한 대부분이 이렇듯 세월을 따라 폐기 처분됩니다. 이런 것에 목숨과 인생을 건다는 것은 참으로 무모하고 허무합니다.

그러니 많은 사람들이 세상을 회개와 변혁의 대상으로 본 세례 요한에게 매력을 느끼는 것은 당연합니다.

세례 요한은 또한 예수님을 보고 '하나님의 어린 양'이라고 말했습니다. 여기에서 우리는 그가 하늘에 대한 풍성한 지식을 갖고 있었음을 알 수 있습니다.

세례 요한의 이 말은 죄로 가득한 세상에 하나님의 심판이 임하는 것이 당연하지만, 그럼에도 사랑의 하나님이 어린 양을 보내 세상을 구원하기

원하신다는 선포입니다. 다시 말해 하나님의 시선으로 세상을 정죄하는 동시에 그런 세상을 구원할 방법을 제시하고 있는 것입니다.

땅에 대한 통찰이 있다고 하여 다 같은 통찰이 아닙니다. 어떤 사람은 세상에 압도당하지 않고 세상 바깥에서 세상을 바라보며 땅에 대한 지식과 분별력으로 바른 말을 해서 사람들을 놀라게 하지만 딱 거기까지입니다. 무슨 말입니까? 입만 열면 세상을 비판하고 정죄하지만 세상을 변화시킬 능력이나 의지는 없는 것입니다. 우리는 그런 사람을 염세주의라고 말합니다.

사람들은 염세주의자를 보고 아주 잠깐 호기심을 느낄 수는 있지만 오래도록 곁에 두고 싶어 하지는 않습니다. 결국 가까이하기가 꺼려집니다.

이 염세주의자와 세례 요한의 차이는 비판에 대한 책임을 느끼느냐, 그렇지 않느냐입니다. 잘못을 지적하고 문제의 심각성을 밝히는 것까지는 누구든지 할 수 있습니다. 그러나 그 일에 대해 책임감을 느끼면서 대안을 제시하고, 그 대안을 따라 행동하는 것은 아무나 할 수 있는 게 아닙니다.

세례 요한은 땅에 대한 통찰도 있었지만, 그에 대한 하늘의 대안도 알고 있었습니다. 땅에 대한 지식으로 끝나선 안 되고 하늘에 대한 지식까지 이르러야 세상과 사람들에게 영향력을 미칠 수 있습니다.

당신은 어떻습니까? 사람들이 당신을 믿고 따릅니까? 만약 그렇지 않다면 당신은 어째서 세례 요한과 같은 영향력 있는 사람이 되지 못하는 겁니까? 세례 요한보다 많이 배워 지식도 많고 가진 것도 더 많은데 어째서 사람들은 당신 곁에 있고 싶어 하지 않는 겁니까?

그것은 땅의 것을 통찰하지도, 하늘의 것을 소

유하지도 못했기 때문입니다.

그러므로 곧 부패할 세상 것에 목숨 걸지 말고 영원한 하늘의 것을 소유하기를 소망하십시오. 주의 말씀이 충만해서 입만 열면 진리가 쏟아져 나오는 사람이 되기를 힘쓰십시오.

세례 요한은 그런 사람이었습니다. 인생을 걸 만큼 매력적인 리더가 없었던 당시에 세례 요한에 열광하는 이유가 바로 이 때문이었습니다.

이 시대에도 우리 인생을 걸어도 좋을 만한 리더가 필요합니다. 하나님의 말씀에 사로잡힌 자, 세례 요한과 같은 사람이 이 시대의 리더가 되어야 합니다. 더 나아가 예수님을 좇는 우리가 바로 그런 리더여야 합니다.

학사이자 제사장이던 에스라는 말씀을 가지고 민족을 회개시켰습니다. 절망이 가득한 디아스포라 시대에 영적 대각성 운동을 일으켰습니다. 오늘날에도 세상을 회개시키고 하늘의 진리를 가져오는 리더가 필요합니다. 당신이 바로 그 리더가 되십시오.

곧 부패할 세상 것에 목숨 걸지 말고
영원한 하늘의 것을 소유하기를 소망하십시오.
주의 말씀이 충만해서 입만 열면
진리가 쏟아져 나오는 사람이 되기를 힘쓰십시오.
세례 요한은 그런 사람이었습니다.

chapter 2

그는
변질되지 않고
변화했다

제사장과 레위인들이 세례 요한을 찾아와서 묻는 질문이 이러했습니다.

유대인들이 예루살렘에서 제사장들과 레위인들을 요한에게 보내어 네가 누구냐 물을 때에 요 1:19

'네가 누구냐?'라는 질문의 요지는 '당신이 오실 메시아입니까? 혹은 엘리야입니까? 아니면 선지자입니까'라는 것입니다. 그들이 왜 세례 요한에게 이 같은 질문을 했을까요?

세례 요한은 아버지인 제사장 사가랴가 성전에서 계시를 받아 낳은 아들입니다. 어머니 엘리사벳이 임신할 수 없는 나이에 기적적으로 낳은 아들이지요. 세례 요한의 출생은 이미 파다하게 소문이 나서 모르는 사람이 없었습니다. 아버지 사가랴가 제사장이었으니 지금 그를 찾아온 제사장과 레위인은 따지고 보면 요한의 일가친척인 셈입니다.

그런 그들이 세례 요한에게 "당신이 메시아입니까?" 하고 묻고 있습니다. 세례 요한의 무엇을 보고 이 같은 질문을 하는 겁니까?

어느 날 갑자기 변해도 너무 변해 버린 세례 요한의 모습 때문입니다. 얼굴은 어제 본 그가 맞는데 말하는 거며 눈빛이며 행동이 어제와 너무 다른 겁니다. 하루가 다르게 진리에 가까워지는 요한을 보고 사람들은 그가 성경에서 계시한 메시아가 아닐까 의문을 갖기 시작했던 것입니다.

그리스도인은 이처럼 가장 가까운 사람들한테서 자신의 변화를 인정받습니다.

만약 애인이 어제나 오늘이나 변화가 없는 사람

이라면 그만 만나기를 권합니다. 어제나 오늘이나 별다른 것 없이 늘 똑같은 생각으로 똑같은 말만 반복하며 변화하지 않는다면 그만 만나십시오.

그럼 누구와 만나야 할까요? 어제 과분할 정도로 사랑해 줬는데 오늘은 까무러치게 사랑해 주는 사람, 하루가 다르게 감격으로 다가오는 사람, 대화하면 할수록 깊은 진리의 세계로 빠져들게 하는 사람, 만날수록 하나님의 깊은 사랑을 느끼게 해 주는 사람을 만나야 합니다. 그런 사람이라면 정말 괜찮은 사람입니다.

변하지 않으면 변질되게 마련입니다. 예수님을 믿기는 하는데 삶이 변화하지 않는다면 그 신앙은 변질될 수밖에 없습니다. 내가 변질되지 않더라도 복음이 변질됩니다. "예수 믿어도 형편없네!" 하는 주변 사람들의 의식에서 복음이 변질되는 것입니다. 그러므로 복음이 복음 되게 하려면 내가 변화되어야 합니다.

당신은 예수님을 믿기 전과 후, 성령을 받기 전과 후에 얼마나 변화했습니까? 집에 들어오면 양말을 아무렇게나 벗어 놓던 아들이 예수님을 믿더니 양말을 빨기 좋게 벗어 놓고, 엄마가 청소를 하든 설거지를 하든 아무 상관도 않던 딸이 집안일을 거들기 시작했다면 옳게 가고 있는 것입니다. 이렇게 눈에 띄는 변화를 가장 가까운 엄마가 인정하면 그는 그리스도인이 된 것입니다.

그러나 나의 변화를 가족들이 발견하지 못했다면 아직 그리스도인이라 할 수 없습니다. 나의 변화를 보고 가족과 친구들이 충격을 받을 만큼 알아봐야 그리스도인이고, 더 나아가 세상을 변화시킬 수 있는 그리스도인인 것입니다.

인도의 성자로 유명한 선다 싱은 원래 힌두교의

한 분파인 시크교도였습니다. 그는 성격이 난폭해서 한번은 선생님들이 지켜보는 앞에서 신약성경을 한 장씩 찢어 불살랐다고 합니다.

그런 그가 열네 살에 예수님을 만나더니 놀랍게 변화했습니다. 그의 부모는 그를 집에서 쫓아냈고, 이웃들은 그를 박해했습니다. 힌두교를 신봉하는 인도에서 그리스도인이 되었으니 주변에서 난리가 난 것입니다.

그러나 선다 싱은 누추한 자기 동족의 발을 씻으며 복음을 전했습니다. 생명을 건 그의 복음 전도에 결국 무서운 아버지까지 믿음의 길로 돌아서게 되었습니다. 선다 싱이 마흔 살에 돌연 티베트의 산속으로 사라지자 인도 사람들은 그를 인도에 나타난 예수님이라고 입을 모아 칭송했습니다.

선다 싱에게 일어난 변화는 과연 무엇이었을까요? 한번은 그가 영국에 갔을 때 한 신학 교수가 물었습니다.

"당신은 힌두교에서 그리스도교로 개종했는데, 그리스도교에 비해 힌두교에 없는 것이 무엇입니까?"

이 같은 질문에 선다 싱의 대답은 간명했습니다.

"그것은 바로 예수 그리스도입니다."

그러자 교수는 다시 한 번 물었습니다.

"말을 바꾸어 묻겠습니다. 그리스도교에는 당신이 이전에 믿었던 힌두교에 없는 특별한 가르침이나 교리가 있는 것입니까?"

"아닙니다. 가르침이나 교리가 다른 것이 아닙니다. 나를 개종시킨 것은 바로 살아 계신 예수 그리스도입니다."

교수는 그의 대답이 충분하지 않다고 생각했는지 또 물었습니다.

"선다 싱 선생님, 내가 질문하려는 의도가 당신에게 충분히 전달되지 못한 것 같군요. 내가 묻는 것은 바로 그리스도교 가운데 힌두교와 다른 철학, 즉 당신을 그리스도교의 교리를 신봉하도록 만든 어떤 사상이나 철학이 있느냐는 것입니다."

하지만 이때도 선다 싱의 대답은 오직 하나였습니다.

"그것은 예수 그리스도입니다."

사람을 변화시켜 새사람 되게 하는 것은 예수 그리스도입니다. 신조나 교리나 철학은 결코 그렇게 하지 못합니다.

우리도 하루가 다르게 예수님의 형상을 닮아 가야 하지 않겠습니까? 매 주일 예배를 드리면서 어제나 오늘이나 늘 제자리걸음이라면 우리가 예수님을 존귀히 여길 것 없는 분으로 추락시키는 것입니다. 사람들은 예수님을 따른다는 우리가 별볼일 없이 살 때 '예수도 별것 없겠다'며 오해하기 때문입니다.

평생을 애써도 여전히 부족한 게 그분의 형상을

닮는 것 아닙니까? 그런데 왜 벌써 자족하며 변화하지 않는 겁니까? 어제나 오늘이나 기도의 수준이 나아지는 법이 없고, 말씀을 알고 깨닫는 수준도 나아지는 법이 없어야 되겠습니까? 그래서는 참 그리스도인이라 칭찬받지 못합니다. 그런 그리스도인에게는 세상 누구도 주목하지 않습니다.

가까이에 있는 가족이, 친구가 몰라볼 정도로 변화되기를 바랍니다. 그런 변화를 간구하기 바랍니다.

평생을 애써도 여전히 부족한 게
그분의 형상을 닮는 것 아닙니까?
그런데 왜 벌써 자족하며 변화하지 않는 겁니까?

사람들은 예수님을 따른다는 우리가
별볼일 없이 살 때
'예수도 별것 없겠다'며 오해합니다.

chapter 3

그는 스스로를
부정하는
용기가 있었다

요한이 드러내어 말하고 숨기지 아니하니 드러내어 하는 말이 나는 그리스도가 아니라 한대 또 묻되 그러면 누구냐 네가 엘리야냐 이르되 나는 아니라 또 묻되 네가 그 선지자냐 대답하되 아니라 또 말하되 누구냐 우리를 보낸 이들에게 대답하게 하라 너는 네게 대하여 무엇이라 하느냐 요1:20-22

이 말씀에서 유난히 반복되는 말이 있습니다. '누구냐'와 '아니라'입니다. 제사장과 레위인이 세례 요한에게 "너는 누구냐"고 물으면 요한은 "나는 그가 아니라"고 대답하는 것입니다.

우리는 여기서 세상이 주목한 그리스도인의 특징을 발견할 수 있습니다. 바로 '자기를 부정할 수 있는 용기'가 있었다는 것입니다. 당시 지위고하를 막론하고 많은 사람들이 세례 요한을 찾아왔습니다. 그가 혹시 메시아가 아닐까, 엘리야가 아닐까 싶어서, 혹은 그를 통해 구원을 받을 수 있지 않을까 해서입니다.

이쯤 되면 사람들은 교만한 마음이 생겨 우쭐해지고 기고만장해지기 쉽습니다. "당신 정말 지혜로운 사람입니다. 대단합니다. 어쩜 그렇게 능력이 많으세요" 하고 주변에서 칭찬일색으로 추켜세우면 사람들은 자신이 정말 그런 줄 알고 어깨에 잔뜩 힘을 넣습니다.

그런데 세례 요한은 사람들의 칭찬과 추종에 속지 않았습니다. 자신이 메시아도, 엘리야도, 선지자도 아닌 것을 잊지 않았습니다.

요즘 뉴스에 안 좋은 일로 이름이 자주 오르내리는 정치인, 종교인, 문화계 인사들이 있습니다. 그들도 한때는 존경받을 만했고 추종할 만한 매력적인 사람이었습니다. 그런데 한순간 추락해서 세상이 조롱하는 사람이 되었습니다. 무엇 때문입니까?

자기를 부정하지 않았기 때문입니다. 주변 사람들이 우러러보며 추종하니까 자기가 정말로 대단한 사람인 줄 착각해서 교만해진 까닭입니다.

이처럼 교만은 사람을 변질시킵니다. 겸손히 자기를 부정할 수 있어야 변질되지 않습니다.

백설공주의 계모는 매일 거울 앞에 서서 "거울아 거울아, 세상에서 누가 제일 예쁘니?" 하고 물었습니다. 계모는 자신의 미모가 세계 제일이 아니라는 사실을 인정하지 못했습니다. 그에게 부족한 한 가지는 겸손히 자기를 부정하는 것이었습니다. 이것 하나 모자랐던 탓에 남보다 가진 것도 많고 지식도 풍부하고 능력도 출중한 계모는 악당이 되었습니다.

그러나 세례 요한은 가진 것도 없고 배움도 짧고 능력도 출중하지 못했지만 구름 떼 같은 사람들의 추앙을 받았습니다. 그가 가진 것은 단 하나, 자기를 낮추며 부정할 줄 아는 용기였습니다.

이처럼 스스로 자기를 부정할 줄 아는 사람은 거꾸로 존귀히 여김을 받고 칭찬을 받지만, 그렇지 못한 사람은 도리어 자기 꾀에 넘어져 어리석다 손가락질 받을 수 있습니다.

어느 목욕탕에서 있었던 일입니다. 키가 작은 한 남자가 눈을 감고 비누를 집으려다가 옆 사람의 비누를 집어 쓰게 되었습니다. 그러자 건장한 청년인 비누 주인이 버럭 화를 내며 욕을 퍼부었습니다. 키가 작은 남자는 비누도 채 지우지 못하고 고개를 숙여 사과했습니다.

"죄송합니다. 눈을 감고 있어서 남의 비누인 줄 모르고 그만… 용서하십시오."

그러나 건장한 청년은 화를 풀지 않았습니다.

"뭐, 용서? 너 내가 누군 줄 알아!"

건장한 청년이 먼저 나가 옷을 입었는데 육군 중위 계급장이 어깨에서 빛났습니다. 키가 작은 남자도 나가서 옷을 입었는데 우연히 그도 군인이었습니다. 그런데 그는 육군 소령이었습니다. 건장한 청년은 이때 어떻게 되었을까요? 각자 자유롭게 상상의 나래를 펴시기 바랍니다.

자기를 부정하는 것, 여기에 진정한 감동과 아름다움이 있습니다. 그러나 나를 높이고 사람들에게 인정받으려 하는 순간 우리는 매력을 잃고 맙니다.

아야즈라는 노예가 있었습니다. 하루는 아홉 명의 노예들과 함께 왕 앞에 불려 갔습니다. 왕은 이들 중 한 명을 자신의 시종으로 삼고자 했습니다. 왕은 노예들에게 잔 하나씩을 나눠 준 뒤 바닥에 던지라고 명령했고, 노예들은 명령에 따라 모두 잔을 바닥에 집어던졌습니다. 그러자 왕이 한 사람씩 돌아가며 물었습니다.

"왜 이런 짓을 저질렀느냐?"

황당한 질문에 노예들은 하나같이 "폐하께서 명령했기 때문입니다"라고 대답했습니다. 그런데 아야즈의 대답은 달랐습니다.

"죄송합니다. 용서해 주십시오."

왕은 아야즈를 자신의 시종으로 삼았습니다.

얼마 지나지 않아 아야즈는 왕의 신임과 총애를 받아 보물 창고직을 맡게 되었습니다. 신분이 상승한 것입니다. 그러자 주변 사람들이 그를 시기해서 헐뜯었고 심지어 터무니없는 말로 중상모략까지 했습니다. 그중에는 아야즈가 매일 창고의 보물을 티 안 나게 훔친다는 소문도 있었습니다. 그러나 왕은 그 말을 믿지 않았습니다.

"아야즈가 그럴 리 없다. 만약 그 말이 사실이라

면 증거를 보여라!"

아야즈를 중상모략 하는 사람들은 왕과 함께 보물 창고가 들여다보이는 곳으로 갔습니다. 마침 아야즈가 창고로 들어가는 것이 보였습니다. 그런데 놀랍게도 금고 안에는 아야즈가 노예 시절에 입었던 누더기 옷이 있었습니다. 아야즈는 그 옷에 입을 맞추고 그것을 입더니 거울을 바라보며 이렇게 중얼거렸습니다.

"아야즈, 옛날의 네 모습을 잊지 마라. 보물 창고를 지키는 자리에 너를 앉힌 것도 왕이시고, 오늘의 너를 만든 것도 왕이시다. 네가 특별한 자격이 있어서가 아니라는 것을 명심해야 한다."

아야즈는 누더기 옷을 다시 벗어 금고에 넣고는 밖으로 나왔습니다. 왕은 그런 아야즈에게로 가 그를 꼭 끌어안더니 감격에 찬 목소리로 말했습니다.

"그대는 지금 내게 깊은 가르침을 주었네. 진정한 왕이신 그분 앞에 서면 우리 모두는 노예가 아니던가! 우리는 모두 그대에게 배워야 하네. 사람들은 그대가 나의 보물을 훔쳐 갔다고 말하지만 오늘 나는 깨달았네. 그대가 훔친 것은 보물이 아니라 나의 마음이라는 것을."

사람의 인정 따위에 만족하지 마십시오. 우리의 왕이신 하나님을 감동시키는 사람이 되십시오. 사람의 마음이 아니라 하나님의 마음을 훔치는 사람이 되십시오.

사도 바울의 고백에서 자기를 부인하는 것이 어떤 것인지를 배우게 됩니다.

> 내가 나 된 것은 하나님의 은혜로 된 것이니 내게 주신 그의 은혜가 헛되지 아니하여 내가 모든 사도보다 더 많이 수고하였으나 내가 한 것이 아니요 오직 나와 함께하신 하나님의 은혜로라 고전 15:10

자기를 부정하는 것,
여기에 진정한 감동과 아름다움이 있습니다.

그러나 나를 높이고
사람들에게 인정받으려 하는 순간
우리는 매력을 잃고 맙니다.

PART
2

그를 통해
예수님을 만나다

내게서 예수님이 보이는가

²⁴ 그들은 바리새인들이 보낸 자라

²⁵ 또 물어 이르되 네가 만일 그리스도도 아니요 엘리야도 아니요 그 선지자도 아닐진대 어찌하여 세례를 베푸느냐

²⁶ 요한이 대답하되 나는 물로 세례를 베풀거니와 너희 가운데 너희가 알지 못하는 한 사람이 섰으니

²⁷ 곧 내 뒤에 오시는 그이라 나는 그의 신발끈을 풀기도 감당하지 못하겠노라 하더라

²⁸ 이 일은 요한이 세례 베풀던 곳 요단 강 건너편 베다니에서 일어난 일이니라

(요한복음 1:24-28)

"여름 멋쟁이는 더워서 죽고 겨울 멋쟁이는 얼어서 죽는다"는 말이 있습니다. 생명을 해치면서까지 멋을 부리는 사람들을 비꼬는 말일 것입니다. 나는 이 말을 떠올릴 때마다 우리가 진정으로 관심 가져야 할 것이 무엇인지를 생각하게 됩니다.

어떤 사람을 알려면 대개 그가 무엇에 관심을 갖고 있느냐를 보면 됩니다. 그의 관심사가 그 사람의 수준을 말해 주기도 합니다.

당신은 최근 어디에 관심을 빼앗겼습니까? 지금 당신의 최대 관심사는 무엇입니까? 그리스도인의 관심사는 무엇이어야 할까요?

세례 요한의 관심은 오로지 '예수님'이었습니다. 어떤 질문을 해도 그의 결론은 '예수님'입니다.

> 그들은 바리새인들이 보낸 자라 또 물어 이르되 네가 만일 그리스도도 아니요 엘리야도 아니요 그 선지자도 아닐진대 어찌하여 세례를 베푸느냐 요 1:24-25

바리새인들이 세례 요한에게 묻습니다.

"엘리야도 아니고 그리스도도 아니고 선지자도 아니라면 네가 세례를 줄 자격이 있느냐?"

사실 이렇게 정당성을 묻는 질문은 자존심을 건드립니다. 만일 누군가 나한테 "목사님이 무슨 자격으로 설교하십니까?" 하면 정말 속상합니다. 내가 한 설교가 그에게 불쾌했다는 뜻이고, 평소 내 삶을 인정할 수 없다는 비난이기 때문입니다.

나의 사역이 하나님의 일이라 믿기에 열심히 하다가도 이렇게 딴지를 걸거나 오해해서 공격하면 자존심이 상해서 다 집어치우고 싶어집니다.

그런데 놀랍게도 세례 요한은 전혀 동요하지 않

습니다. 비난의 소리에도 끄덕하지 않습니다.

이유가 무엇입니까? 세례 요한의 관심은 오로지 예수님이기 때문입니다. 남들이 자기를 어떻게 평가하는가에는 전혀 관심이 없습니다. 타인의 시선 따위에 마음을 두지 않습니다.

그의 관심은 오로지 '그들이 예수님을 어떻게 생각하는가'입니다.

> 요한이 대답하되 나는 물로 세례를 베풀거니와 너희 가운데 너희가 알지 못하는 한 사람이 섰으니 곧 내 뒤에 오시는 그이라 나는 그의 신발 끈을 풀기도 감당하지 못하겠노라 하더라
>
> 요 1:26-27

우리는 흔히 "네가 무슨 자격이 있느냐?" 하면 "내가 철야기도를 했고 하나님의 음성을 들었고 사명을 받았다"고 대답함으로써 어떻게든 내가 그

자격에 맞는 사람임을 증명하는 게 순서라고 생각합니다. 그런데 세례 요한은 오히려 '나는 그의 신발 끈을 풀 자격도 없는 사람'이라고 자신을 낮춥니다. 그러면서 바리새인들에게 "나를 보지 말고 내 뒤에 오시는 그분을 주목하라"고 합니다. 자격을 따지고 드는 그들에게 "내가 물로 세례를 주든 불로 세례를 주든 왜 쓸데없는 데 신경을 쓰는가? 나는 자격 없고 오히려 자격 있는 자는 따로 있다. 예수라는 분인데, 그분이 최고다" 하면서 예수님을 소개하고 있는 것입니다. 어떻게 보면 질문과 상관없는 엉뚱한 대답을 한 것입니다.

왜 그렇습니까? 요한의 마음엔 예수님에 대한 생각으로 가득 차 있기 때문입니다. 그의 관심은 오로지 인류를 구원하러 오신 예수 그리스도였던 것입니다. 예수님께서 "여자가 낳은 자 중에 요한보다 큰 자가 없도다"(눅 7:28)라고 하실 만하지 않습니까?

이처럼 그 사람이 하는 말을 보면 그의 관심사가 무엇인지를 알 수 있습니다. 말은 그 사람을 비추는 거울과 같습니다.

나는 중학교 2학년 때부터 어머니와 부흥회를 자주 다녔는데, 그때 강사에게 들은 얘기가 있습니다.

누가 무슨 질문을 해도 결국 "예수 예수"라는 대답이 돌아오는 분이 있는데, 그가 바로 최권능 목사입니다. 그는 일본 순사가 잡아다 때려도 "아야" 하지 않고 "예수 예수" 했다고 합니다. 어떤 사람이 "도대체 당신은 예수밖에 모르느냐"고 물으니까 그가 이렇게 대답했습니다.

"내 머리부터 발끝까지 예수님으로 가득 차 있다. 그러니 나를 건드리면 예수 믿으라는 얘기밖에 안 나오는 것이다."

세례 요한이 바로 그런 사람이었습니다. 예수님

으로 가득하니까 놀라운 존귀함을 얻었습니다.

그래서였는지 참 많은 사람들이 그를 찾아왔습니다. 처음엔 대제사장과 레위인들이 찾아오더니 바리새인이 찾아오고, 마침내 예수님도 그를 찾아왔습니다. 당시 그의 영향력이 어떠했는지를 짐작할 만한 대목입니다. 사도 요한은 요한복음을 기록하면서 세상의 주목을 받은 첫 번째 그리스도인으로서 세례 요한을 소개하고 있습니다.

> 나를 사랑하는 자들이 나의 사랑을 입으며 나를
> 간절히 찾는 자가 나를 만날 것이니라 잠 8:17

무엇을 사랑하고 있습니까? 사랑하는 그것을 입게 될 것입니다. 간절히 찾는 것이 무엇입니까? 간절히 찾는 그것을 만나게 될 것입니다. 예수님을 사랑하면 예수님의 사랑을 입고 예수님을 간절히 찾으면 예수님을 만나게 될 것입니다. 지혜를 간절히 찾으면 지혜를 얻게 될 것입니다.

그래서 무엇에 관심을 갖느냐가 참으로 중요합니다. 내 최고의 관심사가 곧 나 자신이 될 것이기 때문입니다.

세례 요한처럼 예수 그리스도를 지상 최대의 관심사로 삼는 우리가 되기를 바랍니다. 그래서 세례 요한과 같은 당대 가장 주목받는 인물이요, 가장 영향력 있는 사람이 되기를 기도합니다.

그는 칭찬받을 때
교만해지지
않았다

사람들은 당대에 큰 영향력을 끼친 세례 요한을 주목하여 보고 그에게 몰려오는데, 정작 그는 사람들의 관심을 어떻게 하면 예수님께로 돌릴까만 궁리했습니다. 세례 요한의 관심은 그의 유명과 능력과 은사를 통해 예수님만 드러내는 데 있습니다. 이처럼 그리스도인은 사람들의 관심이 나보다 예수님께로 향하도록 하는 사람입니다.

우리가 각자 받은 은사도 예수님을 드러내는 데 목적이 있습니다. 그러나 오로지 자기를 드러내는 데만 관심을 기울이는 사람은 반드시 마음의 상처를 받고 절망과 시련의 시간을 지나게 됩니다. 많은 연예인들이 스캔들에 휘말리고 마약 사건에 연

루되는 이유도 그들의 관심이 오로지 '대중의 관심이 나에게 쏠리고 있는가, 아닌가'에만 있기 때문입니다. 관심받지 못하는 상태를 견딜 수 없는 것입니다.

구약성경에도 이런 인물이 등장합니다. 이스라엘의 초대 왕 사울입니다. 그는 다른 사람들보다 머리 하나가 더 있을 만큼 키가 훤칠했고 잘생겼으며 인품도 훌륭했습니다. 더구나 이스라엘을 적으로부터 지켜 낸 명장이었습니다. 그래서 백성들은 입을 모아 사울을 칭찬했습니다.

그런 어느 날 다윗이 나타나면서 사울은 자신의 마음을 지키기가 힘들었습니다. 자기한테만 모아지던 관심이 다윗에게 옮겨 가자 질투가 나서 견딜 수가 없었던 것입니다.

한번 질투심에 사로잡히자 사울은 다윗을 죽이기 위해 군대를 소집하고 그 뒤를 쫓는 데 골몰하게 되었습니다. 나중에는 단지 다윗을 도와주었다는 이유만으로 제사장 85명과 그 가족들을 몰살시켰습니다. 백성의 칭송이 마르지 않던 사울이 한순간 이렇듯 악한이 된 것입니다.

만일 사울이 자기 자신이 아니라 자기를 통해 하나님이 관심받기를 원했다면, 그는 죽는 날까지 백성들의 칭송을 들었을 것입니다. 사람들의 관심이 다윗에게 쏠렸을 때, 사울이 "우리 모두 다윗의 하나님을 찬양하자" 했으면 얼마나 아름다웠겠습니까?

사람들의 관심을 갈망하다 보면 그 욕망을 감당하지 못하는 지경에 이르게 됩니다. 심해지면 정신질환에 시달리거나 옳지 못한 선택을 하기도 합니다.

그러나 세례 요한은 온 백성의 관심이 자신에게 쏠릴 때 진정으로 관심받고 찬양받아야 할 분을 사람들에게 소개했습니다. 그에게 쏟아지는 찬사를 예수님께 돌렸습니다.

사람들이 세례 요한에게 주목한 이유가 바로 여기에 있습니다. 준수한 외모에 지략가였던 사울에게 없던 것을 세례 요한이 가졌기에 사람들은 그에게 열광했던 것입니다.

사도행전에는 베드로가 날 때부터 걷지 못하던 자를 성전 미문에서 치유해 주는 사건이 나옵니다. 베드로가 미문에서 구걸하던 그를 향해 "예수님의 이름으로 일어나 걸어라" 했더니 그가 일어나 걷고 뛰며 찬양했습니다. 주변에 모여 있던 백성들이 베드로를 신과 같이 여기며 우러르자 베드로가 그들에게 이렇게 말합니다.

베드로가 이것을 보고 백성에게 말하되 이스라엘 사람들아 이 일을 왜 놀랍게 여기느냐 우리

개인의 권능과 경건으로 이 사람을 걷게 한 것
처럼 왜 우리를 주목하느냐 아브라함과 이삭과
야곱의 하나님 곧 우리 조상의 하나님이 그의
종 예수를 영화롭게 하셨느니라 행 3:12-13

베드로 역시 자기에게 쏠리는 관심을 예수님께
로 돌리고 있습니다. 선천적인 앉은뱅이를 일으킨
기적을 보고 왜 자신을 주목하느냐고 오히려 따져
묻습니다.

우리는 나를 주목하는 데 자꾸 걸려 넘어집니
다. 교회에서, 사회에서, 가정에서 걸핏하면 넘어
집니다. 남보다 조금 잘하는 것이 있으면 으스댑
니다. 사람들이 칭찬하면 우쭐해져서 금세 교만해
집니다. 그런 순간에 예수님을 주목하기가 참 힘
듭니다. 사람들의 관심을 예수님께 돌려놓기가 참
어렵습니다.

이단은 예수님이 아니라 자기 자신을 주목하게 합니다. 자기의 영성, 경건함, 지혜에 주목하게 하는 것은 모두 적그리스도입니다.

그리스도인은 오직 예수님 한 분만 영화롭게 합니다. 자기에게 쏠리는 시선을 예수님께로 돌리는 것이 그리스도인입니다. 내가 주목받고 있을 때, 내가 주인공이 되었을 때 "예수님의 은혜입니다"라고 말하는 것이 그리스도인입니다.

레너드 스위트(Leonard Sweet)는 세계적인 미래학자이자 미국에서 가장 영향력 있는 크리스천 중 한 사람입니다. 혹자는 그가 종교혼합주의라고 비난하기도 하지만 나는 그가 한국에 와서 전한 말을 잊지 못합니다.

"오늘날 교회가 심각한 질병을 앓고 있는데 그것은 예수 결핍증이다. 교회에 예수가 없다. 설교를 들어 보면 예수도, 성경도, 성령도, 하나님도 없다. 예배는 성공적인 삶을 위한 특강이거나 리더십 강의이거나 전략 프로그램이 되었다."

그의 지적은 뼈아픕니다. 비단 교회만 그런 게 아니라 우리 자신들도 그렇습니다.

당신 안에는 예수님이 계십니까? 혹시 어느 노래 가사처럼 '내 속엔 내가 너무 많은' 가시나무새가 아닙니까?

세상 사람들은 예수님이 없는 교회와 그리스도인을 아무도 주목하지 않습니다. 오늘 교회가 사람들에게 외면받는 이유가 여기에 있습니다. 사람들이 교회를 떠나는 이유가 여기에 있습니다.

그리스도인은 누가 건드리기만 해도 예수님이 나오는 사람입니다. 예수님으로 가득 찬 사람입니다. 사람들은 그런 사람에게 매력을 느끼고 몰려옵니다.

chapter 2

그는
예수님의 영광을
가로채지
않았다

그리스도인의 관심은 예수님을 높이는 데 있습니다. 그러기 위해 우리가 힘써야 할 것은 나를 낮추는 것입니다. 누구든지 자기를 낮추지 않으면 타락하게 되어 있습니다. 예수님의 영광을 가로채는 큰 죄를 범하게 됩니다.

세례 요한은 예수님이 자기보다 뒤에 오시는 줄 알고 있었습니다.

요한이 그에 대하여 증언하여 외처 이르되 내가 전에 말하기를 내 뒤에 오시는 이가 나보다 앞선 것은 나보다 먼저 계심이라 한 것이 이 사람을 가리킴이라 하니라 요 1:15

세례 요한은 예수님을 '내 뒤에 오시는 이'라고

소개하고 있습니다. 실제로 요한은 예수님보다 6개월 먼저 태어났고 사회적으로 훨씬 유명했으며 활동도 먼저 했고 이미 인정도 받았습니다. 헤롯은 예수님을 세례 요한이 살아 돌아온 줄 알았다고 말했습니다. 더구나 예수님은 세례 요한에게 세례를 받으셨습니다.

사도행전을 보면 세례 요한이 죽은 뒤에도 사람들은 예수님의 세례는 몰라도 요한의 세례는 알고 있었고, 행하고 있었습니다. 이처럼 세례 요한은 당시에 예수님보다 유명했고 영향력도 컸습니다.

그럼에도 세례 요한은 예수님을 "내 뒤에 오시는 분"이라고 소개하면서 "그가 나보다 앞선 것은 나보다 먼저 계심이라"고 말하며 예수님을 신성으로까지 높였습니다.

이것이 세례 요한의 위대함입니다. 아직 예수님이 활동하기 전이고, 따라서 아무도 예수님을 알아보지 못하는 상황에서 예수님을 높인다는 것은 참으로 쉽지 않은 일입니다.

더구나 그는 자기는 예수님과 비교하면 '그의 신발끈도 풀기 어려운 존재'라고 지극히 낮췄습니다.

곧 내 뒤에 오시는 그이라 나는 그의 신발끈을 풀기도 감당하지 못하겠노라 하더라 요 1:27

당시 신발끈을 푸는 것은 노예의 일이었습니다. 따라서 세례 요한은 지금 자신을 노예보다 못한 존재라고 말하고 있는 것입니다. 사람들은 그에게 매료되어, 그가 너무 존경스러워서 자꾸 찾아오는데, 그는 정작 자기는 그분의 노예만 되어도 다행이라고 말하고 있는 것입니다.

이것은 참으로 놀라운 신앙 고백입니다. 세례 요한의 인생 목표가 이처럼 분명할 수가 없습니다. 자기를 낮추고 예수님을 높이며 그를 드러내는 것이 그의 존재 이유이고 인생 목표라는 것을 그는 흔들림 없이 견지하고 있었던 것입니다.

어느 금요일에 식사하러 식당에 갔다가 신학대학원 동기 목사님들을 우연히 만났습니다. 한 분은 미국 유학을 다녀왔고, 한 분은 미국에서 목회를 하고 있었습니다. 반가워 합석했다가 교회까지 데려와서 차를 마시며 긴 시간을 함께했습니다. 그런데 어느 순간 정신을 차리고 보니 내가 우리 교회 자랑을 열심히 늘어놓고 있었습니다. 미국에서 목회하는 친구는 건강도 좋지 않은 데다 목회도 힘들어하는 듯했습니다. 그 친구를 생각해서라도 자제해야 하는데 생각은 그만해야겠다 하면서 입은 멈추질 않았습니다. 절제가 되지 않은 겁니다.

나중에 그들과 헤어진 뒤 혼자 앉아 있는데 허탈하고 속상했습니다. '그렇게 잘난 척하고 싶으니?' 자책도 하게 되었습니다.

방심하면 이렇게 우리는 자기를 드러내느라 여

넘이 없습니다. 우리의 본성은 자기를 낮추는 게 안 됩니다. 그래서 훈련이 필요합니다. 어디에 있든지 무엇을 하든지 언제든지 나를 낮추는 훈련을 해야 합니다.

예수님을 만난 그리스도인은 내가 얼마나 죄인 중에 죄인인 줄 잘 압니다. 예수님의 공로가 아니면 삶 자체가 불가능한 존재라는 걸 알기에, 나를 낮추고 예수님을 높이는 일에 마음을 쏟고 관심을 기울이게 됩니다.

> 젊은 자들아 이와 같이 장로들에게 순종하고 다 서로 겸손으로 허리를 동이라 하나님은 교만한 자를 대적하시되 겸손한 자들에게는 은혜를 주시느니라 그러므로 하나님의 능하신 손 아래에서 겸손하라 때가 되면 너희를 높이시리라 벧전 5:5-6

우리가 나를 낮추고 예수님을 높이는 일에 집중하면 하나님이 우리를 높이신다고 합니다. 하나님도 우리와 다르지 않아서 '그렇게 낮아진 사람들을 어떻게 하면 높일까' 하고 늘 궁리하십니다.

반면에, 하나님은 '교만한 자를 대적하신다'고 합니다. 잘난 척하는 것은 하나님과 원수 맺는 일입니다. 하나님의 원수가 누구입니까? 사탄입니다. 사탄의 특징은 교만입니다. 하나님은 교만한 자는 대적하고 겸손한 자에게는 은혜를 주시는 분입니다. 하나님의 은혜를 받고 싶습니까? 그렇다면 자신을 낮추십시오.

> 너희 중에 누구든지 으뜸이 되고자 하는 자는 모든 사람의 종이 되어야 하리라 인자가 온 것은 섬김을 받으려 함이 아니라 도리어 섬기려 하고 자기 목숨을 많은 사람의 대속물로 주려 함이니라 막 10:44-45

이 땅에 사는 동안 예수님이 내내 관심을 기울이신 것은 '섬김'입니다. 그 섬김의 절정은 자신을 대속물로 주려고 밑바닥까지 낮아지신 것입니다. 그렇게 자신을 낮추셨기에 우리에게 '으뜸이 되려거든 종이 되라'고 말씀하실 수 있었습니다.

그리스도인은 어떻게 하든지 많은 사람을 섬기려 하기 때문에 사람들에게 귀히 여김을 받습니다. 그리스도인의 권위는 따라서 이 '섬김'에서 나옵니다. 어떻게 하든지 섬김을 받고자 하는 세상 사람과 차별되는 이 섬김으로 우리는 세상을 변화시켜야 합니다.

예수님은 하나님의 본체이지만 그분과 동등됨을 여길 것을 거절하시고 종의 형체를 가지고 사람들과 같이 되어 죽기까지 복종하셨습니다. 예수님의 자취를 따라 좇는 그리스도인도 그래야 합니다. 낮아지고 낮아져서 섬기는 자로 존재해야 합니다.

결혼을 한 부부라면, 혹은 결혼을 앞두고 있다면, 부부간에 기 싸움하지 마시길 권합니다. 우리가 애쓰고 힘써야 할 것은 나를 낮추고 주님을 높이는 일이지, 내가 높아지는 일이 아닙니다. 부부간에 기 싸움해 봐야 어차피 둘 다 지게 되어 있습니다. 지지 않으면 결혼생활을 영위할 수 없기 때문입니다.

가정에서뿐 아니라 직장에서든 작은 모임에서든, 나를 드러내는 일에 골몰하지 마십시오. 그것은 세상이 추구하는 가치입니다. 그리스도인의 가치는 낮아지고 낮아져서 예수님을 드러내는 것임을 잊지 마시기 바랍니다.

그리스도인은
누가 건드리기만 해도
예수님이 나오는 사람입니다.

예수님으로 가득 찬 사람입니다.
사람들은 그런 사람에게
매력을 느끼고 몰려옵니다.

chapter 3

그는
예수님만 아는
바보였다

이 일은 요한이 세례 베풀던 곳 요단 강 건너편

베다니에서 일어난 일이니라 요 1:28

요단강 건너편 베다니는 세례 요한의 아지트와 같은 곳입니다. 그의 활동 무대이지요. 또 사람들이 와서 그에게 세례를 받은 곳입니다.

그런데 세례 요한은 이곳에서 자기를 낮추고 예수님을 높여 드렸습니다. 그의 명성을 듣고, 그를 존경해서 몰려온 사람들 앞에서 자기를 낮추고 예수님을 드러내려 한 것입니다.

그러자 한 가지 문제가 생겼습니다. 요한을 따르며 그와 함께 지내던 제자 중 두 명이 요한을 떠나 예수님께 가 버린 것입니다. 그 두 제자 중 하나는 안드레이고, 나머지 하나는 요한이 아닐까 짐작해 봅니다. 또 베드로는 안드레와 형제지간이니까 그 역시 세례 요한의 제자였을 가능성이 있습니다. 그렇게 보면 예수님의 열두 제자 중 세 명이 세례 요한의 제자인 셈입니다. 그리고 이들 세 명은 예수님이 가장 소중하게 여긴 제자들입니다.

어떻게 보면 자기 제자가 다른 사람에게 갔으니 배신일 수 있습니다. 그런데 세례 요한은 이 부분을 전혀 문제 삼지 않았습니다. 오히려 너무 당연한 일로 받아들였습니다. 제자들은 물론 그에게 오는 모든 사람들이 예수님을 알도록 하는 것이 그의 사명이었기 때문입니다.

예수님을 모르는 사람들에게 예수님을 드러내는 일처럼 위대한 기적은 없습니다.

어느 선교사가 태국 비행기를 타고 승무원에게 복음을 전하고 싶어서 "당신은 예수님을 아십니까?" 하고 물었습니다. 그러자 그 승무원이 "잠시

만요" 하고는 어디론가 가 버리더니 한참 뒤에 돌아와서는 "아무리 찾아도 승객 중에 예수라는 사람은 없습니다"라고 했답니다.

생각보다 예수님을 모르는 사람이 많습니다. 일본으로 단기선교를 갔을 때도 예수님을 모르는 사람이 너무 많아서 깜짝 놀란 기억이 있습니다.

그리스도인은 택시를 타든 비행기를 타든 어디에서든 예수님을 드러내야 합니다. 예수님을 드러내는 그 순간이 우리 인생에서 가장 값지고 의미 있는 순간입니다.

당신은 삶의 현장에서 예수님을 드러내기 위해 어떤 노력을 하고 있습니까? 여기에 관심을 기울이는 것이 그리스도인입니다.

> 그러나 내게는 우리 주 예수 그리스도의 십자가 외에 결코 자랑할 것이 없으니 그리스도로 말미암아 세상이 나를 대하여 십자가에 못 박히고

내가 또한 세상을 대하여 그러하니라 갈 6:14

바울은 지금 '나는 세상에 대해서 아무런 의미를 못 느낀다. 세상이 내게 유혹이 되지 않는다. 내가 자랑할 것은 오직 예수 그리스도의 십자가뿐이다'라고 말하고 있습니다.

우리가 살아도 주를 위하여 살고 죽어도 주를 위하여 죽나니 그러므로 사나 죽으나 우리가 주의 것이로다 롬 14:8

바울은 예수님을 위한 것이라면 지금 당장 죽어도 좋고 오래 살아도 좋다고 말하고 있습니다. 바울은 오직 예수님밖에는 관심이 없습니다. 그의 머릿속에는 온통 예수님밖에 없습니다.

무디 목사의 일화 중 이런 이야기가 있습니다.

하루는 그가 설교 전에 기도를 하고 눈을 뜨니 그 사이 누군가 광고 쪽지를 갖다 놓았습니다. 읽어 주려는데 '바보'라고 씌어 있는 겁니다. 무디 목사는 초등학교도 제대로 나오지 못해서 설교 중에 단어도 틀리고 문법도 엉망이었습니다. 그런 사람에게 '바보'라고 했으니 마음에 상처가 되었을 것입니다.

그런데 무디 목사는 "지금 광고 쪽지가 하나 왔습니다. 자세히 보니 광고 내용은 없고 이름만 적혀 있습니다"라고 말했습니다. 만약 내가 무디 목사라면 얼굴이 벌게지도록 흥분해서 설교 원고가 눈에 들어오지도 않았을 것입니다. 무디 목사는 자신은 낮추고 오직 예수님만 높이는 사람이었기에 이렇게 반응할 수 있었던 것입니다.

성 프란체스코가 '바보'라는 단어를 그의 이마에, 옷에, 깃털에 잔뜩 써 붙이고 '나는 그리스도를 위한 바보가 되겠다'고 했을 때 인류 역사상 가장 급진적이고 위대한 종교개혁이 일어났습니다. 우리 인생에서 예수님을 드러낼 수 있다면 내가 바보가 된들 무슨 상관이겠습니까?

우리는 알게 모르게 세상 가치관에 물들어 있습니다. 예수님의 수제자인 베드로 역시 그랬기에 예수님이 십자가 고난을 말씀하시자 그것이 무슨 일인지도 모르고 말렸습니다.

> 예수께서 돌이키사 제자들을 보시며 베드로를 꾸짖어 이르시되 사탄아 내 뒤로 물러가라 네가 하나님의 일을 생각하지 아니하고 도리어 사람의 일을 생각하는도다 하시고 막 8:33

베드로는 좀 전에 "주는 그리스도시요 살아 계신 하나님의 아들이니이다"라고 고백을 해서 예수님을 기쁘게 해드렸습니다. 그랬던 사람이 한순간 이렇듯 하나님의 일이 아니라 육신의 일을 좇고 있습니다. 그런 베드로를 향해 예수님은 "사탄아"라고 꾸짖었습니다.

우리의 본능이 그렇습니다. 잘 나가다가도 한순간에 하나님의 일이 아니라 사람의 일을 먼저 생각합니다. 그런데 그것이 사탄의 일입니다. 삶의 현장에서 사람의 일을 생각하면 실패자가 되고 하나님의 일을 생각하면 위대하고 존귀한 자가 됩니다.

'예수 믿는 재미로 산다'는 말을 입버릇처럼 하는 분이 있습니다. 신석 장로님입니다. 그는 유복한 집에서 자라 행복한 학창 시절을 보냈습니다. 그러던 어느 날 아버지가 갑자기 세상을 떠나자 그토록 흥왕하던 사업이 망해서 졸지에 종로5가에서 자전거로 약품을 배달하며 근근이 먹고사는 신세가 되었습니다.

그랬던 그가 30대에 20개의 사업체를 거느린

재벌이 되었습니다. 그야말로 입지적인 인물이 된 것입니다.

문제는 그가 아직 그만한 부를 감당할 만큼 성숙하지 못했다는 것입니다. 인격적으로 성숙하지 못한 채 엄청난 재물을 쌓게 되면 사람들한테 미움받을 행동을 하게 되어 있습니다. 또 그런 그를 시기하고 질투하는 사람들이 주변에 있게 마련입니다. 결국 그는 주변의 중상모략으로 세무사찰을 받게 되어 흑자도산을 하게 되었습니다.

억울하고 분하고 세상이 싫어서 그는 두 번이나 자살을 기도하다 기도원에 들어갔습니다. 지금껏 제대로 된 기도를 한 번도 해 본 적 없던 그는 기도원에서 짐승처럼 울며 하나님을 원망했습니다. 그러던 어느 날 빌립보서 2장 5절 말씀이 크게 들렸습니다.

너희 안에 이 마음을 품으라 곧 그리스도 예수

의 마음이니 빌 2:5

그 순간 그는 지금껏 예수님의 마음을 품고 살지 못했다는 것을 깨달았습니다. 동시에 오히려 세속적 욕망에 사로잡혀 살아왔음을 깨달았습니다. 그래서 가슴을 치며 회개했습니다.

다음 날, 세상이 달라졌습니다. 그토록 원망하고 저주하던 세상이 아름다워 보이기 시작했습니다. 기도원에 오는 사람들도 그렇게 예뻐 보일 수가 없었습니다. 그는 이후 3년 6개월을 장애인들을 위한 봉사를 하면서 지내게 되었습니다.

이후 신석 장로님은 브리태니커 백과사전을 판매하는 일을 시작했습니다. 전국 방방곡곡을 다니며 책을 판매하면서 예수님의 복음을 전했습니다. 곧 전 세계 판매왕이 되었고 여기저기서 그를 모셔 가려고 장사진을 쳤습니다.

어느 회사 사장 자리까지 오른 그는 어느 날 갑

자기 사표를 던지고 택시 운전을 시작했습니다. 이유는 오직 복음을 전하기 위해서였습니다. 백과사전을 팔러 다닐 때는 사람들을 만나서 복음을 전할 수 있었지만, 사장이 된 뒤로는 그럴 기회가 없었기 때문입니다.

그는 지금 작은 임대 아파트에서 살면서, 대신 번 돈은 교회를 건축하고 복음 전하는 일에 사용합니다. 그것이 큰 집에서 사는 것보다 더 의미 있는 일이라 믿기 때문입니다.

당신은 무슨 재미로 인생을 살고 있습니까? 세상에 이름을 내는 위대한 인물로 살고 싶습니까? 그렇게 유명해지면 행복할 것 같습니까?

부유하거나 가난하거나 세상의 인정을 받거나 못 받거나 오직 예수 그리스도에만 관심이 있다면, 그는 이미 세례 요한과 같은 사람입니다. 그러나 아직 세상과 나 자신에 관심이 많다면 그저 세속적인 인간일 뿐입니다.

　반드시 참 그리스도인이 되기를 소망하십시오. 세상 사람들의 말 한마디에 일희일비하지 말고 그들의 시선에 상처받지 말고, 자기를 낮추고 또 낮추며 예수님을 드러내시기 바랍니다. 그것이 우리가 존귀해지고 위대해지는 길입니다.

그에게서
사명을 배우다

나에게 사명이 있는가

²² 또 말하되 누구냐 우리를 보낸 이들에게 대답하게 하라 너는 네게 대하여 무엇이라 하느냐

²³ 이르되 나는 선지자 이사야의 말과 같이 주의 길을 곧게 하라고 광야에서 외치는 자의 소리로라 하니라

(요한복음 1:22-23)

살면서 '인생은 결국 무엇인가?' 하는 질문을 던져본 적이 있습니까? 이것은 자기정체성의 근거를 이야기하는 것입니다. 그리스도인은 자기정체성의 근거를 제대로 알 때 세상으로부터 인정받을 수 있습니다.

세례 요한은 자신의 정체성의 근거를 분명히 알고 있었습니다. 사람들은 메시아도, 엘리야도, 선지자도 아니라 하는 세례 요한에게 기어이 "그러면 너는 너를 누구라 하느냐"고 묻습니다. 그때 세례 요한은 명료하게 말합니다.

> 이르되 나는 선지자 이사야의 말과 같이 주의 길을 곧게 하라고 광야에서 외치는 자의 소리로라 하니라 요 1:23

세례 요한은 자신의 정체성을 말씀에서 찾고 있습니다. 우리의 정체성 역시 살아 계시고 영원하신 하나님의 말씀에서 찾아야 합니다.

세상 사람들은 세상적으로 성공한 인물들에 비춰서 자신의 정체성을 찾습니다. 이러한 우리의 모습은 그리스 신화에 나오는 프로크루스테스의 침대를 연상시킵니다. 프로크루스테스는 지나가는 나그네를 철제 침대에 눕혀 그보다 짧으면 다리를 늘이고 그보다 길면 다리를 자른 잔인한 인물입니다.

오늘 우리의 삶도 이와 다르지 않습니다. 세상에서 살아남기 위해 우리는 각자의 개성과 재능을 무시하고 살아갑니다. 만약 우리가 하나님이 창조하신 형상을 따라 살아가기로 결심한다면 수많은 것들, 예를 들어 세상을 즐기고 누리고 취하는 것들을 포기해야 합니다. 때로는 학교나 직장, 가정에서 시련과 박해를 견뎌야 할 수도 있습니다.

그렇다면 당신은 어디에서 정체성을 찾고 있습니까? 요즘 학생들은 자신의 정체성을 성적에서 찾습니다. '나는 1등하는 우등생', 혹은 '나는 40등하는 열등생' 식으로 공부를 잘하고 못하는 것이 자신을 증명한다고 생각하는 것이지요.

또는 예쁜 얼굴이나 몸매로 나의 나됨을 증명하는 사람이 있습니다. 그래서 성형수술을 하거나 어릴 때부터 두껍게 화장을 하고 혹독한 다이어트를 감내하는 등 어떻게든 예뻐지려고 시간과 정성을 들입니다.

그러나 세상을 좇는 일은 허망하기 그지없습니다.

나의 학창 시절엔 실베스터 스탤론, 아널드 슈워제네거처럼 근육질의 남자들이 인기를 끌었습니다. 친구들은 그들처럼 근육질의 몸을 갖기 위해 정말 열심히 운동을 했지요. 당시 나는 근육질의 남자들과 비교하면 정말 형편없이 빼빼마른 소년에 불과했으니 정말 인기가 없었습니다.

그런데 요즘은 키 크고 마르고 여자인가 싶을 만큼 예쁘장한 남자들이 인기가 많습니다. 시대의 흐름이 이렇게 바뀌어서 그나마 내가 장가를 갈 수 있었던 게 아닌가 합니다.

세상의 기준은 이렇듯 한순간에 바뀝니다. 죽을힘을 다해 몸짱을 만들어 놨더니 근육질은 징그럽다고 손사래를 칩니다. 옛날 스타일은 촌스럽다더니 때마다 복고풍이 유행합니다. 하지만 이것도 곧 변할 것입니다. 이렇게 변덕스러운 세상의 요구에 맞춰서 살다 보면 자격지심만 생길 뿐 결코 만족할 수 없습니다.

이탈리아 우피치미술관에 가면 당시 미의 기준을 엿볼 수 있는데, 지금으로선 도무지 동의가 안 되는 모습입니다. 예를 들어 귀부인들의 초상화를 보면, 지나치게 머리를 뒤로 빼서 이마가 훤하게 드러나 있습니다. 아무리 봐도 아름답지 않습니다. 아니 오히려 추합니다. 그런데 당시는 이마가 넓은 것이 미의 상징이어서 부인들이 눈썹을 뽑아 버리거나 목숨을 걸고 수술까지 했다고 합니다. 그런데 요즘엔 어떻습니까? 오히려 풍성한 앞머리와 짙은 눈썹을 더 아름답다고 합니다.

모세는 왕궁의 왕자로 있을 때 자신감이 하늘을 뚫을 듯했습니다. 그러나 살인자가 되어 미디안 광야로 도망쳤을 때 그는 한없이 작아졌습니다. 그래서 하나님이 그를 불렀을 때 그는 말씀에 불복하며 스스로를 얼마나 비하했는지 모릅니다.

"내가 감히 어떻게 바로한테 그런 말을 합니까? 더구나 백성들도 내 말을 믿지 않을 겁니다. 나는 말을 잘 못합니다. 제발 하나님, 나 대신 다른 사람을 보내십시오. 나는 그런 일을 할 만한 인물이 아닙니다."

그러나 결국 모세는 자신을 믿지 못하고 비하

하기를 버리고 하나님의 말씀을 따랐습니다. 그런 모세에게 하나님은 "너를 바로에게 신같이 되게" 하겠다고 약속하셨습니다(출 7:1). 바로가 모세를 신처럼 여기게 만들겠다는 뜻입니다. 마침내 그는 자신도 믿을 수 없을 만큼 위대한 지도자가 되었습니다.

우리는 모두 완벽하지 않습니다. 얼굴이 예쁘면 지식이 부족하고, 지식이 풍부하면 성격이 모나고, 지식도 성격도 완벽하면 사랑이 부족하기도 합니다. 어느 누구도 완벽한 조건을 갖추고 있지 않습니다. 그러니 서로를 거울삼아 나를 들여다봐야 부족한 것밖에 보이지 않습니다.

우리는 하나님의 말씀에서 정체성을 찾아야 합니다. 그러면 거기에서 가능성을 건져 올릴 수 있습니다. 천하보다 귀한 존재로서 자신을 발견하게 됩니다.

당신의 자녀를 대한민국과 바꿀 수 있습니까? 내 가족을 광활한 우주와 바꿀 수 있습니까? 내 옆의 지체가 광활한 우주보다 귀합니까? 하나님은 한 생명이 천하보다 귀하다고 하셨습니다(막 8:36). 왜일까요? 하나님이 만드신 피조물이기 때문입니까? 그러면 국가나 우주는 하나님이 만드신 것이 아닙니까? 천지에 하나님이 짓지 않은 것은 없습니다. 그럼에도 내 옆의 지체가, 내 가족이, 내 자녀가 천하보다 귀한 것은, 단 한 명도 빠짐없이 예수님과 맞교환된 존재들이기 때문입니다.

우리는 죽을 수밖에 없는 존재였습니다. 그런 우리를 영생하도록 구원하기 위해 예수님은 대신 자신의 목숨을 버렸습니다. 죽을 수밖에 없는 존재인 우리를 생명의 사람으로 구원하신 것입니다. 따라서 나의 구원은 예수님의 생명과 맞바꾼 귀한 것입니다. 그리고 그 예수님이 바로 천지를 창조하신 하나님입니다.

우리는 천지를 창조하신 하나님의 생명과 맞먹을 만큼 귀한 존재입니다. 이것은 말씀 안에서만 발견되는 것입니다. 세상이 주는 지식이나 돈이나 명예로는 발견할 수 없습니다. 그래서 우리의 정체는 성경 안에서 찾아야 진짜가 됩니다.

이사야 선지자는 성전에서 하나님의 음성을 듣고 선지자로 부름받았습니다. 아모스는 뽕나무를 치다가 부름을 받았고, 다윗은 양을 치다가 하나님의 사람 사무엘로부터 기름 부음을 받았습니다. 하나님의 말씀 안에서 나를 발견해야 인생을 제대로 살게 됩니다.

제발 사람들과 비교하면서 나를 증명하려고 하지 마십시오. 스스로 비하하게 될 뿐입니다. 친구들이 뭐라 하든, 소중한 가족이 뭐라 하든, 세상이 뭐라 하든 상관없습니다. 우리의 정체성은 말씀 안에서만 발견될 수 있습니다.

우리는 하나님의 말씀에서
정체성을 찾아야 합니다.

그러면 거기에서
가능성을 건져 올릴 수 있습니다.
천하보다 귀한 존재로서
자신을 발견하게 됩니다.

chapter 1

그는
하나님께
생명 전부를
걸었다

세례 요한은 말씀 안에서 흔들리지 않는 자신의 사명을 발견했습니다. 바로 "주의 길을 곧게" 하는 것입니다. 다른 말로 하면 '하나님의 영광을 위한 인생'입니다.

이처럼 인생의 목적이 분명하지 않으면 이리저리 흔들리게 마련입니다. 푯대가 분명하지 않으면 이래도 좋고 저래도 좋습니다.

따라서 말씀 안에서 궁극적인 사명을 발견하는 것만큼 놀라운 축복이 없습니다. 사명이 있는 사람은 죽어도 죽지 않는다는 말이 있습니다. 불멸의 생을 사는 것이지요. 그렇다면 사명이 없는 인생은 어떤 것입니까? 그저 생존하는 것으로 만족하는 인생입니다.

그렇다면 사명이 왜 중요합니까? 인생의 가치

가 다르기 때문입니다. 나라와 민족을 위해 사는 사람은, 애국자가 되고 영웅이 됩니다. 세계를 위해 사는 사람은 세계적인 인물이 됩니다.

연인을 내 사람으로 만들기 위해 젊은 시절을 탕진하는 사람들이 있습니다. 그들은 입만 열면 "당신을 사랑합니다. 당신을 위해서라면 죽기라도 하겠습니다"라고 말합니다.

나는 젊은이들이 이런 사람하고는 결혼하지 않았으면 좋겠습니다. 그 사람의 인생은 거기까지밖에 안 되기 때문입니다. 반면에, "당신을 사랑합니다. 하지만 하나님의 영광을 위해서라면 당신을 포기할 수도 있습니다"라고 말하는 사람이 있다면 그 사람은 꼭 붙드십시오. 인생의 가치를 아는 사람이기 때문입니다. 그는 인생의 가치를 높은 수준에까지 끌어올릴 것입니다. 그를 선택한 당신의 삶도 가치 있게 끌어올려질 것입니다.

묻겠습니다. 당신은 무엇을 위해 살겠습니까? 로마의 위대했던 장군들은 조국을 위해 목숨을 바쳤습니다. 하지만 그들이 목숨을 걸고 지키고자 했던 로마는 지금 어떻습니까? 세계를 호령하던 그 기상은 어디 갔으며, 그들이 누리던 부와 명예와 문명은 다 어디 갔습니까? 그렇다면 로마의 장군들은 무엇을 위해 목숨까지 아깝다 여기지 않고 전쟁터에서 싸우다 죽어 간 것입니까?

로마에 가면 로마가 일으킨 문명이 얼마나 대단한 것이었는지 새삼 느끼게 됩니다. 하지만 우리가 위대하다고 찬사를 보내는 것들조차 지진으로 땅속에 묻힌 문명에 비하면 보잘것없는 것입니다. 그런데 그토록 강성하고 위대했던 인간의 업적도 지진이나 화산, 해일 등 자연의 위력 앞에선 무릎을 꿇어야 했습니다.

로마의 율리우스 카이사르는 그 이름 자체가 황제를 뜻하는 단어가 되었을 만큼 강력한 권력을 가진 인물이었습니다. 그러나 그는 지금 무덤에 묻혀 있습니다. 그 무덤은 또 얼마나 초라한지 모릅니다. 참으로 인생무상을 느끼지 않을 수 없습니다.

이 땅의 나라는 이렇듯 허망합니다.

그러나 영원한 나라, 하나님의 나라를 위해 목숨을 거는 인생은 죽어도 죽은 것이 아닙니다. 영원히 사는 인생입니다. 하나님 나라를 위해 수고한 베드로도, 바울도, 신약성경에 나오는 무명의 여인들도 하늘의 별처럼 영원히 빛날 것이라고 하나님께서 약속하셨습니다.

그러므로 오늘 결단하십시오. 내 삶의 궁극적 목적은 하나님이라고 말입니다. 우리가 얼마나 소중한 존재인데 아무 데나 인생을 걸겠습니까? '주의 길을 곧게' 하는 데 자기 인생을 건 세례 요한처럼, 영원한 하나님 나라에 목숨을 걸어야 하지 않겠습니까?

이렇게 말하면, 하나님은 너무 이기적이지 않느냐고 반론을 제기하는 사람들이 있습니다. 어떻게 모든 사람에게 자신의 영광을 위해 살라고 요구할 수 있느냐고 말입니다. 그런데 하나님의 영광을 위해 사는 사람의 결국을 보십시오. 그들은 가장 가치 있는 삶, 영광스러운 인생을 살게 됩니다.

요즘은 보기 드문 일이지만, 몇 십 년 전만 해도 대학 입시가 끝나면 감동적인 미담 기사가 흘러나오곤 했습니다.

"이번에 수석을 했는데 어떻게 공부했습니까?"

"평생 나를 위해 고생하신 아버지를 기쁘게 하기 위해 열심히 공부했습니다."

하나님의 영광을 위해 사는 인생은 이보다 더 큰 인생의 성공자가 됩니다. 고작 대학 입시에 합격한 것에 비할 바가 아닙니다.

예수님이 드린 생애 마지막 기도를 기억합니까?

> 아버지여 때가 이르렀사오니 아들을 영화롭게
> 하사 아들로 아버지를 영화롭게 하게 하옵소서
> 요 17:1

예수님은 하나님 아버지를 영화롭게 하는 것이 자신이 영화롭게 되는 것임을 아셨습니다.

우리가 하나님의 자녀이기 때문에 하나님의 영광을 위해서 사는 것은, 세상이 감당할 수 없는 위대한 일, 세상을 뒤흔드는 일입니다. 세례 요한처럼 세상을 소동케 하는 일입니다.

하나님은 우리를 귀하게 만들기 위해 당신의 영광을 위해 살라고 초대하십니다. 그 초대에 바울은 이렇게 응답합니다.

> 우리가 살아도 주를 위하여 살고 죽어도 주를

위하여 죽나니 그러므로 사나 죽으나 우리가 주의 것이로다 롬 14:8

바울의 이 고백처럼 살아도 죽어도 주를 위해 사는 인생, 정말 멋지지 않습니까?

오스 기니스의 《소명》에는 하나님의 영광을 위한 삶의 질을 감동적으로 표현한 다음과 같은 이야기가 있습니다.

유명한 색소폰 연주자인 존 콜트레인은 1950년대 초 샌프란시스코에서 약물 과다 복용으로 거의 죽을 뻔했다가 가까스로 건강을 회복했습니다. 그 후 그는 마약을 끊었고 하나님을 믿게 되었습니다.

'지극히 탁월한 사랑'은 그의 재즈 연주 중 최고로 꼽히는 곡의 하나로, 32분 동안 하나님의 축복에 감사하고 자신의 영혼을 그분께 바치는 연주입니다. 한번은 콜트레인이 이 곡을 연주한 뒤

무대에서 내려오면서 "눈크 디미티스"(Nunc dimittis)란 한마디를 내뱉었습니다. 이 말은 "주재여 이제는 말씀하신 대로 종을 평안히 놓아 주시는도다"(눅 2:29-30)라는 의미로, 시므온의 기도를 라틴어로 옮긴 것입니다. 콜트레인은 이 한마디를 통해 하나님의 사랑을 위해 이보다 더 완벽하게 연주할 수 없다고 고백한 것입니다.

하나님의 영광을 드러내는 일은 이처럼 가슴 벅찬 일입니다. 이보다 더 큰 인생의 가치를 발견하기는 어렵습니다. 그리고 이것은 하나님의 영광을 위해 살아가는 인생에게 주어진 축복입니다.

> 내가 달려갈 길과 주 예수께 받은 사명 곧 하나님의 은혜의 복음을 증언하는 일을 마치려 함에는 나의 생명조차 조금도 귀한 것으로 여기지 아니하노라 행 20:24

콜트레인의 고백은 바울의 이 고백과 다르지 않습니다. 하나님께 영광을 올려 드리기 위해 자기를 소진하는 것이 조금도 아깝지 않다는 고백인 것입니다. 그렇기에 순교할 수 있고 헌신할 수 있고 오래 참을 수 있습니다. 말씀에서 사명을 발견한 사람은 이처럼 자기 생명을 아끼지 않고 푯대를 향해 흔들림 없이 달려갑니다.

chapter 2

그는
목표를 세워
성취했다

세례 요한은 자신의 사명이 '주의 길을 곧게' 하는 것임을 밝히면서 자신을 '광야에서 외치는 자'로 소개하고 있습니다. 이는 'to become' 즉 무엇으로 어떻게 존재할 것인가에 대한 대답입니다. '외치는 자'란 곧 선지자를 의미합니다. 세례 요한은 지금 자신이 선지자라고 소개하고 있는 것입니다.

이처럼 하나님의 영광을 위해 인생을 걸기로 했다면, 이제 무엇으로 존재할 것인가를 품어야 합니다. 의사가 될 것인가, 변호사가 될 것인가, 청소부가 될 것인가를 소망해야 하는 것입니다.

또한 세례 요한은 자신을 '광야에서 외치는 소리'라고 소개하고 있습니다. 선지자로 살되 하나님의 소리로 살겠다는 것입니다. 그의 눈빛이며 옷,

태도, 말이 하나님의 소리가 되겠다고 한 것입니다.

이렇듯 우리는 자기 인식이 있어야 합니다. 자기 정체성의 중요한 요소 중 하나가 자기 인식입니다. 나는 나의 나됨을 어떻게 인식할 것인가 하는 것입니다.

세례 요한은 하나님의 소리가 되기 위해 구체적으로 자기 속에 하나님의 소리를 채웠습니다. 광야에서 기도하고 생활하며 하나님의 말씀을 속에 채우고 자기 존재 자체를 하나님의 소리로 변화시키기 위해 부단히 갈고닦았습니다.

세례 요한에게 '소리'는 그가 성취할 표적이었습니다. 우리 역시 표적을 정하고 이를 성취하기 위해 노력해야 합니다. 세례 요한이 '소리'를 드러내야 했다면, 우리는 각자가 드러내야 할 표적이 있습니다.

우리는 모두 더 큰 표적을 발견하고 성취하려는

욕망이 있습니다. 그런데 요즘 청년들은 꿈을 꾸지 않는 것 같습니다. 그것이 가장 안타깝고 가슴 아픕니다. 하루가 다르게 되고 싶은 게 많던 아이가 청년의 나이가 되면 하고 싶은 것도, 되고 싶은 것도 없는 무기력한 사람이 되고 맙니다. 그저 '취직 잘해서 돈 벌어 소비하며 살자'가 요즘 청년들의 모토인 것 같습니다. 고작 30년도 살지 않은 청년들이 60, 70년을 산 노인과 같은 생각을 하면서 살아가는 것입니다.

인생을 걸 만한 나의 나됨이 되는 직업을 소망하며 무엇으로 존재할 것인가를 설정하기 바랍니다. 꿈을 꾸기 바랍니다.

1986년, 우리나라에서 아시안게임이 열렸습니다. 당시 나는 아시안게임에서 수영 부문 금메달 3관왕의 주인공인 최윤희 선수와 같은 학교에 다녔습니다. 그 선수를 가까이서 지켜본 것은 아니지만 매일 새벽부터 밤까지 연습을 한 것 정도는 압니다.

어느 기자가 최윤희 선수가 연습한 거리를 계산했는데, 무려 지구 한 바퀴 반을 돈 것과 같다고 했습니다. 그것도 그의 수영 인생을 통틀어서가 아니라 당시에만 말입니다. 그렇게 지독하게 연습을 했으니 허리에 무리가 가서 매일 허리 찜질을 해야 했다고 합니다.

그런데 생각해 보십시오. 아무리 국가대표 선수라지만 그도 20대 꽃다운 나이였습니다. 봄이면 꽃이 만발하고 가을이면 낙엽이 뒹구는 캠퍼스를 매일 드나들어야 했습니다. 더구나 때가 되면 축제를 한다고 흥청망청하고 여기저기서 커플들이 핑크빛 연애를 합니다. 그런 모든 것이 젊은 청년 최윤희 선수에게 얼마나 매혹적이었겠습니까?

그러나 그는 수영 선수로서 최고가 되겠다는 목표 하나를 붙잡고 달려갔습니다. 뼈를 깎는 아픔이었을 것이라 짐작됩니다. 그렇게 했기에 그는 세계 정상의 자리에 설 수 있었습니다.

세상이 주목하는 그리스도인이 되고 싶습니까? 그렇다면 표적을 정하고 그를 성취하기 위해 노력하십시오. 세례 요한은 외치는 자가 되기 위해 자신이 하나님의 소리가 되었습니다. 예수님은 하나님의 영광을 드러내기 위해 하나님의 말씀의 육신이 되셨습니다. 제자들이 고난의 길을 만류할 때마다 에수님은 이렇게 말씀하셨습니다.

내가 만일 그렇게 하면 이런 일이 있으리라 한 성경이 어떻게 이루어지겠느냐 마 26:54

하나님을 영화롭게 하고 싶다면 1분 1초를 아껴서 그를 위해 준비하고 훈련해야 합니다. 말은 사업가가 되어 하나님을 영화롭게 하겠다고 하면서 여전히 몸은 방바닥을 굴러다니고 있다면 절대 꿈을 이룰 수 없습니다.

젊은 날 사랑과 술에 빠져서 허송세월만 하지 마십시오. 그런 순간도 있어야겠지만 그것이 전부가 되어선 곤란합니다. 의사가 되려면 의사의 소리가 되기 위해, 변호사가 되려면 변호사의 소리가 되기 위해, 시간을 아끼며 준비하는 보이지 않는 외로운 방을 마련해야 합니다.

매일 새롭게 표적을 정하여 분투하고 인내하는 시간이 있을 때, 표적을 성취할 수 있게 됩니다. 스스로를 매일 하나님의 사람으로 빚어 갈 수 있습니다. 그렇게 세상으로부터 주목받은 우리가 되기를 기도합니다.

오늘 결단하십시오.

내 삶의 궁극적 목적은 하나님이라고 말입니다.
우리가 얼마나 소중한 존재인데
아무 데나 인생을 걸겠습니까?

chapter 3

그는
광야를
기뻐했다

세례 요한은 광야로 갔습니다. 그곳에서 훈련의 시간을 가진 것입니다. 이렇게 세상으로부터 주목받는 사람들에게는 광야의 훈련 시간이 있었음을 보게 됩니다.

그런데 광야로 가려면 포기할 것들이 있습니다. 세례 요한의 경우, 그의 아버지 사가랴가 제사장이었으니 제사장으로 살 수 있는 안락한 삶을 포기해야 했습니다. 또 제사장 가문이 누리던 특권을 포기해야 했습니다.

그뿐입니까? 광야로 나가면 포기할 것만 있는 게 아니라 견뎌야 할 것이 있습니다. 바로 추위와 굶주림입니다.

이런 훈련의 과정이 있었기에 세례 요한은 '여자가 낳은 자 중 가장 위대한 자'라는 말을 예수님께 들을 수 있었습니다. 포기할 것을 포기하지 않고, 희생할 것을 희생하지 않으면 절대 위대한 사람이 될 수 없습니다.

1992년 바르셀로나 올림픽에서 마라톤으로 금메달을 딴 황영조 선수에게 기자가 그 비결을 물었습니다. 그의 대답 중에 인상적인 것이 있었습니다.

"하루에도 수천 번씩 버스가 옆을 지나갈 때면 머리를 들이받고 죽고 싶은 유혹을 받았습니다. 이 고통을 견디느니 차라리 죽고 싶었습니다."

얼마나 철저하게 훈련했으면 차라리 죽고 싶다고 생각했을까요? 그에게 매일 훈련하는 그곳이 바로 광야였던 것입니다. 그 광야를 통과했기에 그는 그의 표적을 이룰 수 있었습니다.

하물며 올림픽의 금메달을 위해 저토록 피나는 훈련을 하는데, 어떻게 하나님의 영광의 면류관을 위해 게으를 수 있겠습니까?

새벽에 단잠을 깨우고 가까운 교회에 나가 기도하십시오. 매일 일정한 시간을 정해 말씀을 읽으십시오. 자기를 훈련하는 그곳에서 위대한 인생이 탄생합니다. 안락한 자리에선 절대 결실을 맛볼 수 없습니다.

광야는 외로운 곳입니다. 자기와 싸우며 피 흘리는 곳입니다. 결코 안락할 수도, 화려할 수도, 만족스러울 수도 없는 곳입니다.

예수님도 하나님의 일을 하기 전에 광야로 가셨습니다. 바울도 하나님의 사도로 쓰임 받기 전에 아라비아 광야로 갔습니다. 광야의 훈련이 없는 인생은 결코 하나님께 쓰임 받지 못합니다. 역사는 광야에서 자기를 훈련한 소수의 사람들이 다수의 훈련 없는 인생들을 하나님께로 이끌었음을 증언하고 있습니다.

나는 대학을 졸업한 뒤에 군대에 갔습니다. 당연히 나이가 좀 많았지요. 그런데 군대 가던 날, 여동생이 울면서 "오빠, 잘 가"했습니다. 당시 어머니도 돌아가시고 없던 때라 여동생은 더 슬펐던가봅니다. 하지만 나는 생각이 달랐습니다.

옛날에 무협소설을 읽으면 부모를 잃은 남자가 괴나리봇짐 하나 등에 지고 원수에게 복수하러 길을 떠나던 중 스승을 만나 무술을 전수받는 식의 이야기가 많았습니다. 그렇게 무술을 닦고 나면 옛날의 약해 빠진 남자는 없고 무림 제일의 고수가 되어 나타나게 됩니다. 군대에 가는 내 심정이 딱 그랬습니다. 이렇게 길을 떠나 3년가량 지나면 뭔가 성숙한 사람이 되어 돌아오리라 하는 기대감으로 군대에 간 것입니다.

그렇다고 무작정 해맑게만 간 것은 아닙니다. 인생의 좌우명으로 삼을 만한 세 가지를 결심하고 갔습니다.

첫째는, '모든 것을 긍정적으로 생각한다'입니다.

군대생활은 절대 낭만적이지 않습니다. 허구한 날 팔굽혀펴기다, 쪼그려뛰기다, 완전군장하고 연병장을 돈다 하면서 얼차려를 받았습니다. 육체적으로 정말 고됐습니다.

하지만 팔굽혀펴기를 하는 날이면 나는 '하나님 감사합니다. 제가 헬스클럽에 갈 돈이 없었는데 이렇게 훈련을 받게 하시니 감사합니다' 하면서 견뎠습니다. 완전군장하고 연병장을 돌 때면 '야, 내 허벅지가 육백만불 사나이처럼 되겠구나' 하면서 뛰었습니다. 그러니까 좋게만 생각하려고 애를 쓴 겁니다.

육체적인 고통은 그런대로 견딜 만합니다. 하지만 인격적으로 모욕당하고 멸시당하는 정신적인 고통은 정말 견디기 힘듭니다. 지금이야 그런 일이 적다고 하지만 과거에는 군대에 가면 막말은 기본이고 듣도 보도 못한 욕까지 들어야 했습니다. 그때 나는 이렇게 기도했습니다.

"하나님, 제가 언제 이렇게 제 자신을 바닥까지 낮출 수 있겠습니까? 이렇게 바닥까지 낮아져서도 평안함을 잃지 않는 훈련을 하게 하시니 감사합니다."

이렇게 기도하고 나니까 제아무리 욕하고 멸시해도 상처받지 않았습니다. 인격의 근력을 키울 수 있는 기회로 삼은 것이지요. 그러니 그들의 말과 행동에 영향을 받지 않을 수 있었습니다.

둘째는, '적극적으로 생활하자'였습니다.

군인은 대체로 인생의 황금기를 맞은 젊은 청년들입니다. 그런 청년들이 마치 도살장에 끌려가는 소처럼 군대에 갑니다. 그리고 젊은 날의 시간을 썩힌다는 생각으로 군 생활을 합니다. 하지만 나는 이 시기를 그렇게 소처럼 마지못해 끌려가듯 하고 싶지 않았습니다. 군 생활도 청년의 황금기로 만들고 싶었습니다.

나는 군대에서 영어 단어의 도사가 되어 나오겠다고 결심했습니다. 그래서 여동생한테 영어 교재를 일주일 단위로 몇 장씩 찢어서 보내 달라고 한 뒤 손에 쥘 수 있을 만큼 접어서 들고 다니며 외웠습니다. 선임들이 심부름을 시키면 나서서 가겠다고 하고는 심부름을 다녀오는 동안 단어를 외웠습니다.

중대장의 비서로 있을 때는 커피 심부름이 잦았습니다. 다른 동료들은 손님이 많이 와서 자판기에서 커피를 많이 뽑는 것을 아주 귀찮게 여겼는데, 나는 더 신나서 했습니다. 커피 하나 나오는 동안 단어 하나를 외울 수 있었기 때문입니다.

밤이면 돌아가며 모기도 쫓아 주고 이불도 덮어 주며 불침번을 섰는데, 내 차례가 된 날은 철야기도 하는 날이었습니다. '하나님 앞으로 제가 뭐가 될까요? 몇 년 후에는 무슨 일을 할까요?' 하면서 하나님과 인생을 계획했습니다. 혹은 '내가 어떤 배우자를 만나야 할까요?' 따위의 인생 상담도 했습니다. 그러니 남들은 그토록 싫어하던 불침번이 내게는 기쁜 일이었습니다.

한편, 2시간 동안 보초를 서러 멀리 나가는 날이면, 하늘의 별과 달을 보면서 맘 속으로 시도 짓고 동화도 쓰면서 보냈습니다. 또는 가족과 나라와 민족을 위해 기도했습니다.

군 생활 30개월 동안 이렇듯 단 한순간도 허투루 보내지 않으려 애썼습니다. 그 시간을 썩히는 시간이 아니라 정말 보람되고 알찬 내 인생의 황금기로 만들었습니다.

셋째는, '사랑을 창조하는 사람이 되자'입니다.

삭막하고 때로 험악한 군대에서 사람들에게 나한 사람의 희생과 헌신을 통해 사랑을 느끼게 해주고 싶었던 겁니다. 그러기 위해 남들이 하기 싫어하는 궂은일을 도맡아 하고 양보하고 한없이 주려고 노력했습니다. 그렇게 하니 제대할 즈음 중대장은 물론 많은 사람들이 제대하지 말고 군대에 말뚝 박으라고 권하더군요. 그만큼 그곳에 필요한 사람이 되었던 겁니다.

인생을 내가 보낸 군 생활처럼 하면 어떻겠습니까? 매 순간 긍정적으로 생각하고 적극인 태도로 상황을 수용하며 사랑을 주기 위해 양보하고 헌신하는 것입니다. 이것이 곧 내가 처한 곳을 광야로 여기고 훈련하는 것이 아니겠습니까?

이 시대는 진정한 리더가 필요한 시대입니다. 자기 삶의 자리에서 광야 훈련을 하는 그리스도인이야말로 시대가 필요로 하는 리더이지 않겠습니까? 광야 훈련도 없이 그저 똑똑한 것 하나로 리더가 된 사람들은 자칫 세상을 피폐하게 만들 수 있습니다.

　하나님 나라를 꿈꾸는 우리가 이 시대를 책임지
는 리더로 성장하기를 기도합니다.

예수님도 하나님의 일을 하기 전에
광야로 가셨습니다.
바울도 하나님의 사도로 쓰임 받기 전에
아라비아 광야로 갔습니다.

광야의 훈련이 없는 인생은
결코 하나님께 쓰임 받지 못합니다.

PART
4

악을 선으로
바꾸다

맞은 대로 돌려주는가

²⁹ 이튿날 요한이 예수께서 자기에게 나아오심을 보고 이르되 보라 세상 죄를 지고 가는 하나님의 어린 양이로다

³⁰ 내가 전에 말하기를 내 뒤에 오는 사람이 있는데 나보다 앞선 것은 그가 나보다 먼저 계심이라 한 것이 이 사람을 가리킴이라

³¹ 나도 그를 알지 못하였으나 내가 와서 물로 세례를 베푸는 것은 그를 이스라엘에 나타내려 함이라 하니라

³² 요한이 또 증언하여 이르되 내가 보매 성령이 비둘기같이 하늘로부터 내려와서 그의 위에 머물렀더라

³³ 나도 그를 알지 못하였으나 나를 보내어 물로 세례를 베풀라 하신 그이가 나에게 말씀하시되 성령이 내려서 누구 위에든지 머무는 것을 보거든 그가 곧 성령으로 세례를 베푸는 이인 줄 알라 하셨기에

³⁴ 내가 보고 그가 하나님의 아들이심을 증언하였노라 하니라

(요 1:29-34)

세례 요한이 살던 당시는 어떻게 보면 오늘날보다 훨씬 더 폭력이 만연하던 시대였습니다. 실제로 유대인 반란이 일어났을 때 로마는 유대인 2천 명을 십자가에 못 박는 처형을 했습니다. 식민지 백성은 생명의 존엄까지 박탈당해야 했던 시대였습니다.

로마의 팍스로마나(1세기 말부터 2세기경까지 로마가 누렸던 평화의 시기)는 식민지 백성에겐 해당되는 것이 아니었습니다. 오로지 로마인들의 평화요, 자유였던 것이지요.

유대인들은 그렇게 폭력적이고 억압적인 시대를 살면서 메시아를 앙망했습니다. 그들이 기다리던 메시아는 과연 어떤 분이었을까요?

최근에 IS를 비롯한 무장단체들의 폭탄테러가 전 세계를 공포에 떨게 하고 있습니다. 그들이 인질을 대하는 모습을 보면 과연 우리가 지금 21세기를 살고 있나 싶을 정도로 잔인하기 이를 데 없습니다.

'묻지마 살인'은 또 어떻습니까? 끓어오르는 화를 주체하지 못해 무고한 사람들의 피를 희생양 삼는 그들의 잔인함이란 정말 무섭고 두렵습니다.

이 엄청난 악과 폭력을 어떻게 해야 할까요? 어떻게 해야 그 근본을 뿌리 뽑을 수 있을까요? 서방의 엄청난 군사력으로 IS 같은 무장단체들을 완전히 소멸시키면 어떨까요? 모든 폭력 범죄를 아주 잔인하게 처벌하면 어떨까요?

이런 생각을 하다 문득 내 안에 깃든 악을 발견하고 깜짝 놀랐습니다. 악에 대해 악으로 심판하려는 악한 마음 말입니다. 악을 제거하기 위해 폭력을 행사하는 것은 과연 정당할까요?

2001년 9·11 테러가 있은 후 미국은 세계의 악과 대항한다면서 이라크 전쟁을 벌였습니다. 그 결과는 참담했습니다. 이후 전 세계에 테러 공포가 확산되었을 뿐입니다. 폭력을 없애기 위해 더 큰 폭력을 쓰는 것은 폭력을 증폭시킬 뿐입니다.

영화 〈스타워즈〉를 보면 제다이라는 스승이 제자에게 무술을 가르치면서 이런 말을 합니다.

"네가 평생 조심할 것이 하나 있는데 악을 보고 분노하지 말고 악보다 더 악해지지 않도록 너의 마음에 평정과 사랑을 유지해라. 네가 악을 제거하기 위해서 분노하거나 더 악해진다면 결과적으로 악이 배나 더 늘어날 뿐이다. 악은 선을 통해서만 제거할 수 있다."

과연 그렇습니다. 영화의 대사를 누가 썼는지는 잘 몰라도 하나님의 말씀과 닮아 깊게 공감을 한 기억이 있습니다.

그러나 실제 우리 삶은 어떻습니까? 물리적인

피해를 당하거나 인격적인 모독을 당했을 때 과연 이 깨달음처럼 하고 있습니까? 원수를 사랑하고 있습니까? 왼쪽 뺨을 맞고 오른쪽 뺨도 댑니까?

안타깝게도 우리는 그렇게 살지 못하는 경우가 더 많습니다. 누가 내게 돌을 던지면 파르르 떨며 분노하고 비난하고 욕합니다. 그것으로도 분이 안 풀리면 해코지를 합니다. 그래 놓고 당연히 할 만한 일을 했다고 스스로를 위로합니다. 우리는 너무 쉽게 원수는 악하고 나는 선하다고 생각합니다. 대단한 착각이지요.

악을 악으로 갚을 때 세상은 더 악해질 뿐입니다. 내가 세상을 선하게 할 수 있다는 착각을 버리십시오. 우리에게 선한 것은 아무것도 없습니다.

그렇다면 과연 하나님은 예수님을 통해 이 세상에 가득한 악을 어떻게 해결하려 했을까요?

세례 요한은 예수님이 세상에 가득한 악을 해결

하기 위해 오신 분이요, 우리의 죄 문제를 해결하러 오신 그리스도임을 입증하려 애썼습니다.

이처럼 그리스도인은 이 세상을 구원하러 오신 메시아 예수 그리스도를 입증하려 애써야 합니다. 그러나 세상 사람들은 자기가 얼마나 의롭고 가치 있으며 올바른지를 입증하려 애씁니다. 당신은 무엇을 입증하려고 애쓰고 있습니까? 당신 자신입니까, 예수 그리스도입니까?

chapter 1

그는 억울할 때도
그리스도를
증거했다

세례 요한은 가장 먼저 '그리스도의 사명'을 입증하려 애썼습니다.

> 이튿날 요한이 예수께서 자기에게 나아오심을 보고 이르되 보라 세상 죄를 지고 가는 하나님의 어린 양이로다 요 1:29

세례 요한은 지금 '보라'고 주위를 환기시킨 뒤 '세상 죄의 무거운 짐을 지고 가는 어린 양'이라고 예수님을 소개하고 있습니다. 이것이 예수님의 사명입니다. 즉 '하나님의 어린 양'이 되는 것입니다.

당시 유대인들이 생각하는 메시아는 정의의 실현을 위해 죄악을 짓밟아 심판하는 존재였을 것입니다. 그래야 세계를 제패할 만큼 강력한 로마를 대적할 만하다고 생각했을 것입니다. 그런데 우리의 죄를 대신해 피를 흘리는 힘없고 약한 존재인 '어린 양'이라니요. 그 어린 양이 인류를 구원한 메시아라니요. 도무지 믿어지지가 않는 것입니다.

> 네가 철장으로 그들을 깨뜨림이여 질그릇같이
> 부수리라 하시도다 시 2:9

적어도 메시아라면 이렇게 강력하고 폭발적인 힘을 발휘하는 존재여야 하지 않겠습니까? 철장으로 질그릇을 깨뜨릴 때 그 통쾌함이라니! 당시 유대인들은 그런 메시아를 기다렸습니다. 그런데 우리의 그리스도이신 예수님은 심판하시는 분이 아니라 심판당하는 어린 양으로 오셨습니다.

예수님은 태어나는 순간부터 힘없고 약한 자로 오셨습니다. 짐승들이 먹고 자는 마구간 구유에서 태어나셔서 평생을 약한 자로 살며 사람들을 섬기고 사랑하다 십자가에 벌거벗겨진 채 죽임을 당하셨습니다.

이렇게 나약한 분이 세상을 구원할 수 있다고 누가 생각할 수 있겠습니까?

스티브 도나휴의《사막을 건너는 여섯 가지 방법》에는 생텍쥐페리가 쓴 '사막의 죄수'의 한 구절을 소개하고 있습니다.

"나는 지도를 보면서 하룻밤을 꼬박 새웠다. 하지만 다 소용없는 일이었다. 내가 어디에 있는지 알 수 없었으므로."

내가 어디에 있는지 모르는데 어떻게 길을 찾을 수 있겠어요? 내가 어떤 현실에 처한지 모르는데 어떤 처방인들 의미가 있을까요?

오늘 우리가 당면한 문제가 바로 이것이지 않을까 합니다. 인류가 처한 현주소를 모르니 무슨 해결책을 내놔도 부질없는 것입니다.

철장으로 질그릇을 깨뜨리듯 심판의 주로 오는 메시아를 기다리는 사람들도 자기가 처한 현실을 모르기는 마찬가지입니다. 왜냐하면 심판의 주가 와서 세상을 진멸할 때에 자기는 진멸당하지 않을 거라고 착각하기 때문입니다. 자신도 죄인 중에 괴수인 줄 모르는 것입니다.

그렇다면 이 땅에 누가 의인입니까? 내가 억울한 피해자이기 때문에 자동으로 의인이 되는 것입니까? 가해자만 죄인이고 피해자는 죄인이 아니라는 것도 논리적으로 말이 안 됩니다.

이렇게 우리는 자기가 어디에 있는지도 알지 못합니다. 그러니 세례 요한이 떠들어도, 제자들이 떠들어도, 예수님이 직접 와서 말해도 부질없습니다.

예수님이 어린 양이 아니라 심판자로 오셨다면 우리 모두는 진멸당할 수밖에 없는 죄인임을 잊지 말아야 합니다.

그래서 예수님은 "내가 의인을 부르러 온 것이 아니요 죄인을 불러 회개시키러 왔노라"(눅 5:32)고 말씀하셨습니다. 내 죄를 깨닫고 나면 예수님이 하나님의 어린 양으로 오셔서 우리 죄를 짊어지신 것에 감사할 수밖에 없습니다. 심판자로 오시지 않은 것이 그렇게 감사할 수 없습니다.

바울도 "의인은 없나니 하나도 없으며"(롬 3:10), "모든 사람이 죄를 범하였으매 하나님의 영광에 이르지 못하더니"(롬 3:23)라고 했습니다. 모든 사람이 죄를 범했다면 여기서 자유로울 사람은 아무도 없습니다.

주의 종에게 심판을 행하지 마소서 주의 눈앞에는 의로운 인생이 하나도 없나이다 시 143:2

자기 죄를 깨달은 사람의 고백은 이렇습니다. 메시아가 세상 죄를 지고 가는 어린 양이라서 감사하게 됩니다.

　이제 우리에게 맡겨진 임무는 예수님이 '세상 죄를 지고 가는 어린 양'으로 오셨음을 증명하는 일입니다. 세례 요한이 이를 증언하는 것을 자기의 사명으로 여겼듯이 우리도 그래야 합니다. 개인의 차원에서도, 국가적 차원에서도, 세계사적인 차원에서도 그래야 합니다.

　그러므로 그리스도인은 누군가 악을 행해서 나를 억울하게 했을 때 폭력적인 방법으로 그 죄 값을 갚으려 하면 안 됩니다. 누군가 나를 비난할 때 똑같이 비난으로 갚아 주거나, 피해자가 되었다고 가해자를 피해자로 만드는 방법으로 갚아 주어선 안 됩니다. 그리스도인은 예수님을 증언하는 방법으로 억울한 일을 해결해야 합니다.

　누군가로부터 억울한 일을 당했습니까? 그럴 때 이렇게 말해 보십시오.

"그리스도께서 당신과 나의 죄를 위해서 고난을 당하시고 피 흘려 죽으심으로 죄를 감당해 주셨습니다. 그러므로 나도 당신의 죄를 용서합니다. 당신도 내 죄를 용서해 주십시오."

많은 선교사들이 고난을 당하는 중에도, 순교를 당하는 중에도 그리스도의 십자가 복음을 전하고 그들의 죄를 용서해 달라고 기도했습니다. 멀리 선교 현장에 나가야만 그렇게 살 수 있는 것이 아닙니다. 내 삶의 자리가 곧 선교지이고 순교해야 할 장소입니다.

그런데 문제는 그렇게 억울한 일을 참고 인내하는 선교사님들도 가정에서 부부싸움을 할 때는 십자가가 없어진다는 것입니다. 그런 점에서 가정은 가장 힘든 선교지인 셈입니다. 가정이든 직장이든 소모임이든 선교지든 오직 십자가를 붙들고 보혈의 능력을 의지하여 용서하고 사랑하는 것이 우리가 어린 양으로 오신 예수 그리스도를 증언하는 길입니다.

출애굽기에서 하나님은 어린 양의 피를 문설주에 바른 집은 장자를 죽이는 심판을 피하게 될 것이라 하셨습니다. 다 죽을 수밖에 없는 운명이지만 유대인이든 이집트인이든 어린 양의 피로 구원받을 수 있다고 하신 것입니다. 따라서 어린 양의 피는 선민이나 이방인이나 구별이 없습니다. 신분, 민족, 계층과 상관없이 오직 어린 양의 피 흘리심으로 우리 죄가 사함을 받는다는 복음의 증인이 되어야 하는 것입니다.

십자가에 못 박히는 예수님은 참으로 무력하기 짝이 없습니다. 로마 군사들이 예수님을 향해 채찍을 휘두르고 침을 뱉고 따귀를 때리고 나무에 못을 박아 매달 때 마치 악이 선을 이기는 것 같았습니다. 예수님은 이렇게 더없이 무력한 모습으로 십자가에서 돌아가셨습니다.

그런데 놀랍게도 그 순간 로마 군사들의 마음이 흔들리기 시작했습니다.

아버지 저들을 사하여 주옵소서 자기들이 하는 것을 알지 못함이니이다 눅 23:34

그 순간 백부장은 이렇게 고백했습니다.

이 사람은 정녕 의인이었도다 눅 23:47

그들의 마음속에 들끓던 증오와 악이 녹아내린 것입니다. 이것이 바로 용서와 사랑의 힘, 십자가 보혈의 힘입니다. 그리고 로마는 몇 백 년 뒤 기독교 국가가 되었습니다.

유대인들은 강력한 심판이 아니면 로마 제국을 무너뜨릴 수 없다고 생각했지만, 역사는 가장 강력한 힘은 용서와 사랑임을 증언하고 있습니다. 용서와 사랑 외에는 세상의 악을 제거할 길이 없습니다.

그러므로 그리스도인은 그리스도의 십자가 피로 이 세상에 평화와 사랑을 가져와야 합니다.

예수님이 어린 양이 아니라
심판자로 오셨다면
우리 모두는 진멸당할 수밖에 없는
죄인임을 잊지 말아야 합니다.

chapter 2

그는 악에
사랑과 용서로
반응했다

영국의 정치가 윌리엄 윌버포스(William Wilberforce)는 노예제도가 성경적이지 않으며 하나님의 뜻에 합당하지 않다는 것을 알고 노예제도 폐지운동을 벌였습니다. 그는 원래 목사가 되고 싶었지만 존 뉴턴 목사님의 권유에 따라 정치인으로서 하나님의 정의와 사랑을 국회에서 실현하고자 했습니다. 그는 노예제 폐지 법안을 통과시키기 위해 40여 년을 꾸준히 도전했고 마침내 그것을 이뤄 냈습니다.

미국은 수많은 사람의 목숨을 앗아 간 전쟁을 통해 노예제가 폐지되었지만, 영국은 이렇듯 한 사람의 노력으로 인해 무혈로 정의가 실현되었습니다.

그런데 당시 영국 사회와 경제를 보면 노예제

폐지는 요원해 보이는 것이었습니다. 왜냐하면 눈부신 발전을 이룬 영국 경제의 근간에는 노예가 있었기 때문입니다. 영국뿐 아니라 유럽의 많은 국가들이 식민 통치를 통해 경제 성장을 이룩하고 있던 때입니다.

그런 시대에 노예제 폐지를 주장하는 일은 목숨을 거는 일이었습니다. 실제로 윌버포스는 노예와 관련해 여러 모양으로 이해관계를 가진 정치와 경제계의 거물급 인사들로부터 살해 위협을 받곤 했습니다. 그럼에도 그는 포기하지 않았고 마침내 노예제 폐지 법안이 통과되었다는 소식을 듣고 숨을 거두었습니다. 그런 그가 남긴 유명한 말이 있습니다.

"현실의 벽은 직접적인 성격 때문에 사실보다 높아 보이게 마련이다."

악이 횡행하고 실제로 그로 인해 피해를 당하고

보면 그 악은 도무지 제거할 수 없는 것처럼 느껴집니다. 그러나 주님의 빛이 들어오면 그 악도 안개가 사라지듯 순식간에 힘을 잃습니다. 악은 금세 걷히고 하나님의 공의와 사랑이 임하게 됩니다.

그러므로 중요한 것은 안개를 안개에 불과한 것으로 보는 통찰입니다. 주님의 빛에 의해 순식간에 사라질 안개와 같은 존재로 악을 통찰할 때 그것에 위협당하지도, 압도당하지도 않게 됩니다. 세례 요한은 그와 같은 통찰을 지금 사람들에게 알리고 있습니다.

> 내가 전에 말하기를 내 뒤에 오는 사람이 있는데 나보다 앞선 것은 그가 나보다 먼저 계심이라 한 것이 이 사람을 가리킴이라 나도 그를 알지 못하였으나 내가 와서 물로 세례를 베푸는 것은 그를 이스라엘에 나타내려 함이라 하니라
>
> 요 1:30-31

'내 뒤에 오는 사람'이란 현실적이고 사실적인 표현입니다. 예수님은 실제로 세례 요한보다 6개월 늦게 태어났고 사역도 훨씬 늦게 시작했으며 인지도도 요한에 훨씬 미치지 못했습니다. 그런데 놀라운 것은 '그가 나보다 앞선 것은 나보다 먼저 계심이라'는 표현입니다.

세례 요한은 지금 예수님을 사회적인 위상으로서가 아니라 영적인 위상으로서 평가하고 있습니다. 출생으로나 사회적 평판으로나 세례 요한이 예수님보다 훨씬 앞섰지만 그럼에도 예수님이 세례 요한보다 앞선 이유는 '먼저 계신 분'이었기 때문이라는 것입니다.

'나보다 먼저 계시다'는 말은 무슨 뜻일까요? 예수님이 태어나기 730년 전에 씌어진 미가서에는 예수님의 탄생이 예언되어 있습니다.

베들레헴 에브라다야 너는 유다 족속 중에 작을

지라도 이스라엘을 다스릴 자가 네게서 내게로

나올 것이라 그의 근본은 상고에, 영원에 있느니

라 미 5:2

베들레헴 에브라다는 유다 족속 마을 중 아주 작은 마을에 불과합니다. 예루살렘에 비하면 정말 보잘것없는 곳입니다. 그런데 그런 곳에서 이스라엘을 다스릴 자가 온다는 것입니다. 게다가 그는 '근본이 상고에 영원에 있는 분'이라고 합니다. 이제 막 태어난 아기의 근본이 태초 전에 존재했다는 것입니다. 이것이 의미하는 바를 가만히 음미해 보시기 바랍니다.

산이 생기기 전, 땅과 세계도 주께서 조성하시기

전 곧 영원부터 영원까지 주는 하나님이시니이

다 시 90:2

하나님은 땅과 세계를 조성하기 전에 존재하신 분입니다. 하나님은 시간을 초월해 존재하시는 영적 실체입니다. '근본이 상고에 영원에 있는 분'이란 바로 시간과 공간을 초월해 존재하시는 하나님이란 뜻입니다.

그러므로 세례 요한은 지금 예수님을 생물학적이고 사회학적인 존재가 아닌 영적인 존재로 바라보고 있는 것입니다. 그는 지금 아주 중요한 사실을 증언하고 있습니다. 더욱 놀라운 것은 사도 바울 역시 세례 요한과 동일한 증언을 한다는 것입니다.

> 너희 안에 이 마음을 품으라 곧 그리스도 예수의 마음이니 그는 근본 하나님의 본체시나 하나님과 동등됨을 취할 것으로 여기지 아니하시고
>
> 빌 2:5-6

하나님을 믿지 않는 사람들은 예수님을 4대 성인 중 한 사람으로 여깁니다. 그러나 예수님은 '먼저 계신 분'입니다. 시간을 초월해 선재하시고, 시간이 창조되기 전부터 존재하신 하나님입니다. 그런 분이 우리를 구원하려고 육신을 입고 이 땅에 오신 것입니다.

> 태초에 말씀이 계시니라 이 말씀이 하나님과 함께 계셨으니 이 말씀은 곧 하나님이시니라 요 1:1

예수님이 하나님이신 것을 믿습니까? 하나님이 우리의 죄를 담당하시려고 육신을 입고 마구간에 태어나셔서 처참하게 하나님의 어린 양으로 피 흘려 죽임당한 것을 믿습니까?

예수님은 하나님의 어린 양이지만 동시에 하나님 자신이라는 것을 잊어서는 안 됩니다.

세례 요한의 삶은 그리스도를 증언하기 위한 삶

이었습니다. 나보다 먼저 계신 분이 우리를 구원하러 오셨음을 증거하는 것이 세례 요한의 삶의 목적이었고 유일한 관심사였습니다. 그가 물로 세례를 베푼 것도 이를 위한 것이었습니다. 세례 요한은 눈에 보이나 안개처럼 사라질 현실 세계를 주목하지 말고 눈에 보이지 않으나 영원한 세계를 통찰할 것을 촉구하고 있는 것입니다.

오늘날 전 세계를 공포에 떨게 만드는 이슬람 무장단체들의 테러에 대응하는 통찰력 있는 방법은 '사랑'과 '용서'입니다. 그들의 극악무도함에 폭력으로 반응하면 이 포악은 끝이 나지 않습니다. 예수님이 나약한 어린 양으로 오셨듯이, 우리 역시 나약하지만 이 포악을 끝낼 사랑과 용서로 반응해야 합니다.

중세시대에 십자군 전쟁이 그랬고 이라크 전쟁이 그랬듯이 폭력으로 반응하면 더 큰 폭력을 부를 뿐입니다.

바울도 예수님을 육체대로 알기 원하지 않는다고 했습니다. 이는 세례 요한이 예수님을 생물학적이고 사회적인 존재로서가 아니라 영적인 존재로 이해한 것과 같은 고백입니다. 그랬기에 세례 요한은 현재로선 아무것도 아닌 예수님께 고개를 숙이고 그를 높일 수 있었습니다.

이는 우리 주변의 사람들에게도 마찬가지로 적용할 수 있습니다. 그 사람의 나이와 학벌, 사회적 지위, 재산이 평가의 기준이 되는 것이 아니라 하나님이 그를 바라보는 시선이 평가의 기준이 되어야 합니다.

예를 들어 사울의 아들 요나단이 다윗을 만났을 때 두 사람의 신분 차이는 매우 컸습니다. 다윗은 목동에 불과했으나 요나단은 왕의 아들, 즉 왕자였습니다. 요나단은 아버지 사울과 달리 사랑이 많은 사람이었습니다. 뿐만 아니라 용맹했습니다.

어느 것 하나 빠지지 않는 사람입니다.

그런 요나단이 천한 신분의 다윗을 친구라 불렀습니다. 더구나 다윗이 하나님의 기름 부음을 받았다는 사실을 알고도 그를 자기 집안을 몰락시키고 심지어 자기 자리까지 위협하는 원수로 보지 않았습니다. 오히려 다윗을 축복하면서 자기 자식들을 불쌍히 여겨 달라고 고개를 숙였습니다.

하나님의 일을 통찰하는 사람은 이렇듯 사회적인 평가에 기대지 않고 하나님의 관계 속에서 사람을 평가합니다. 세례 요한이 예수님을 하나님의 아들로 평가했듯이, 요나단이 다윗을 하나님이 세우신 왕으로 평가했듯이, 그리스도인은 하나님의 관계 속에서 사람을 평가해야 합니다.

스데반을 돌로 쳐 죽이고 그리스도인들을 잡아 가두는 일에 열심인 사울이라는 청년을 아나니아는 '형제 사울아' 하고 반기면서 '이방인을 위해

택하신 하나님의 그릇'임을 인정해 주었습니다. 인간적인 눈으로 보면 사울은 자기의 동료를 괴롭힌 원수였습니다. 그러나 아나니아는 하나님의 관계 속에서 사울을 바라봤기에 그에게 '형제'라고 부를 수 있었습니다. 아나니아의 이 같은 환대와 바나바의 변론이 있었기에 사울은 회심하여 초대교회의 걸출한 인물로 성장할 수 있었습니다.

그리스도인은 드러난 현실이 아니라 본질을 통찰하는 사람입니다. 그리스도의 가치로 사람을 평가하는 사람입니다.

악한 세상을 통찰하며 원수에게 "그리스도께서 너를 위해 죽었다"고 말할 수 있을 때 세상의 악을 다스릴 수 있습니다. 악이 부끄러워 도망가게 만들 수 있습니다.

삶의 자리에서 그리스도의 가치를 선언하는 삶을 살기 바랍니다. 보이는 현실 너머에 있는 영원한 세계를 통찰하는 삶을 살기 바랍니다.

chapter 3

그는
성령으로
충만했다

요한이 또 증언하여 이르되 내가 보매 성령이 비둘기같이 하늘로부터 내려와서 그의 위에 머물렀더라 나도 그를 알지 못하였으나 나를 보내어 물로 세례를 베풀라 하신 그이가 나에게 말씀하시되 성령이 내려서 누구 위에든지 머무는 것을 보거든 그가 곧 성령으로 세례를 베푸는 이인 줄 알라 하셨기에 내가 보고 그가 하나님의 아들이심을 증언하였노라 하니라 요1:32-34

예수님이 이 땅에 오셔서 하실 사역 중 하나가 성령으로 세례를 주는 일입니다. 예수님이 하나님의 아들이라는 증거도 요한에게 세례받을 때 성령이 비둘기처럼 내려온 것이었습니다. 예수님은 성령의 사람이었고 성령이 충만한 분이었습니다. 이

것을 아는 것이 정말 중요합니다.

우리는 예수님을 우리 죄를 대신해 십자가에 달려 돌아가신 분으로만 이해합니다. 어쩌면 이것이 우리가 이해하는 예수님의 전부인지도 모르겠습니다. 그런데 이렇게만 예수님을 이해할 때 문제가 생깁니다. 그것은 우리가 죄를 짓고 회개하는 레퍼토리를 무한 반복한다는 것입니다. 죄에 대해 무기력하기 짝이 없습니다.

과연 예수님이 십자가에 달려 돌아가신 일이 단순히 무한 반복하는 우리의 죄 문제를 해결하기 위해서였을까요?

그렇지 않습니다. 예수님은 우리 죄를 대신 책임지신 뒤에 성령을 보내셨습니다. 십자가 보혈로 우리 죄를 깨끗하게 하신 뒤에 성령을 보내셔서 우리가 성령의 사람으로 살아가도록 하셨습니다.

세례 요한이 예수님을 성령 세례를 주시는 분으로 소개한 것은 이 때문입니다.

> 만일 너희 속에 하나님의 영이 거하시면 너희가 육신에 있지 아니하고 영에 있나니 누구든지 그리스도의 영이 없으면 그리스도의 사람이 아니라 롬 8:9

우리 안에 그리스도의 영, 성령이 있는 것을 믿습니까? 성령이 없으면 예수님을 주로 고백하는 것 자체가 불가능합니다. 누구든지 성령으로 말미암지 않고는 예수님을 '주'라 할 수 없기 때문입니다.

세례 요한도 예수님이 누구신지 몰랐는데 성령이 임하는 것을 보고 알았다고 했습니다. 우리도 예수님이 누구신지 알 수 없다가 하나님의 영이 거하자 예수님이 믿어집니다. 2천 년 전의 나사렛 목수의 아들 유대인이 나의 구주이고 하나님이신 것이 믿어지는 것입니다. 이것이 기적이고, 이 기적이 일어난 까닭은 성령님 때문입니다.

성령님은 우리 안에 내주하십니다. 이것을 인정하는 게 중요합니다. 그리스도의 십자가 보혈이 내 죄를 완전히 도말한 것을 믿듯이, 내 안에 내주하시는 성령님이 내 삶을 지배하시고 다스리심을 믿어야 합니다. 성령님이 내 연약한 육체의 생각과 분노와 교만과 저주와 악을 다스리셔서 죄에서 자유하게 하심을 믿어야 합니다.

이 말씀을 하시고 그들을 향하사 숨을 내쉬며 이르시되 성령을 받으라 요 20:22

예수님이 십자가에서 죽으시고 부활하신 또 다른 이유가 무엇입니까? 성령의 능력을 주시기 위해서입니다. 그러므로 많은 그리스도인들이 예수님을 믿는다면서 죄를 무한 반복하는 것은 우리 안에 내주하시는 성령님, 그분의 다스리심을 인정하지 않기 때문입니다.

성령님의 존재와 그분의 다스리심을 인정하지 않을 때, 우리는 우리 멋대로 말하고 생각하고 행동함으로써 어제 회개한 죄를 또 지을 수밖에 없습니다. 성령을 소유했으나 육체의 소욕에 따라 악을 행하는 것입니다.

이는 다른 말로 하면, 우리를 다스리는 것은 성령님이 아니면 악한 영입니다. 육신의 소욕을 따라 살든지 성령의 소욕을 따라 살든지 둘 중 하나입니다. 성령님을 인정하지 않으면 악한 영을 인정하는 것이 됩니다. 성령님께 권좌를 내어 드리지 않으면 악한 영에게 권좌를 내어 주는 것이 됩니다.

예수님을 믿지 않으면 선택의 여지가 없습니다.

그냥 악이 지배하는 대로 악하게 사는 것입니다. 그러나 예수님을 믿으면 성령을 소유하게 되므로 성령이든지 악한 영이든지 둘 중 하나를 선택해야 합니다.

바리새인이었던 바울은 예수님을 만나고 그리스도인이 된 뒤 육체의 소욕이 아니라 성령의 소욕에 따라 산다고 말했습니다. 성령님을 인정하고 신뢰하고 찬양할 때 인격적으로 완전히 달라지는 변화를 체험한 것입니다. 그가 거듭난 후 생애를 예수님처럼 살아가기를 힘쓴 것처럼 우리 역시 예수님을 닮아 가는 삶으로 변화되어야 합니다.

당신이 보혈의 능력으로 죄 사함을 받은 것이 명백한 사실이라면, 당신 안에서 선한 일을 이루시는 성령님의 존재와 능력 또한 사실인 것을 믿으시기 바랍니다.

이 세상의 악은 내 힘으로 해결할 수 있는 것이

아닙니다. 나의 노력으로 그 악에서 자유로워지는 것이 아닙니다. 성령님께 맡겨야 악을 해결할 수 있고 그것으로부터 자유로워질 수 있습니다.

우리 죄를 대신 지러 오신 하나님의 어린 양을 전하고 그분의 가치를 모든 관계 속에서 다시 한 번 선포하며 성령님을 인정하여 인격적으로 예수님을 닮아 가는 것, 이것이 우리가 그리스도인으로서 증언해야 할 일입니다.

그리하여 예수님처럼, 세례 요한처럼, 바울처럼 성령의 사람이 되어 세상의 악을 선으로 바꾸는 자가 되어야 합니다.